中国旅游发展年度报告书系

Annual Development Report of China's Tourism

中国旅行服务业发展报告2021

——向内而生

CHINA TRAVEL SERVICE INDUSTRY DEVELOPMENT REPORT 2021

中国旅游研究院　编著

中国旅游出版社

《中国旅行服务业发展报告 2021》
编委会

主　　任：戴　斌　中国旅游研究院院长　教授　博士

编　　委：何琼峰　李仲广　马仪亮　宋子千　唐晓云

吴丰林　吴　普　杨宏浩　杨劲松

《中国旅行服务业发展报告 2021》
编写组

主　　编：张　杨　中国旅游研究院产业研究所副研究员

执行主编：柴　焰　东北财经大学旅游与酒店管理学院博士研究生

李　吟　中国旅游研究院产业研究所博士后

殷英梅　江苏师范大学历史文化与旅游学院讲师

周洪波　山西旅游职业学院旅游管理系讲师

旅行服务的理论建构与市场实践

——《中国旅行服务业发展报告2021》序

从改革开放前的事业属性到改革开放后的垄断国企，从服务入境游客的“民间大使”到服务大众旅游者的普通劳动者，从劳动密集型到知识密集型再到数字化生存，传统旅行社在短短四十年中经历了数次转型，但是每次转型都并不彻底。新冠肺炎疫情让历次转型遗留的问题得以集中释放，导致全行业陷入“后退缺市场，前行无方向”的两难之境。传统旅行社业务如何适配散客化时代的品质诉求？去中介化趋势下如何重构旅行社的价值体系？旅行社如何在数字化时代生存？

从以团队为核心的旅行社业务走向广义的旅行服务领域，是大众旅游时代的必然要求，也是旅行社演化的必然趋势。从外事接待转轨而来的旅游业，在改革开放后的前 20 年成就了服务入境游客的旅行社、星级酒店、A 级景区等典型旅游市场主体。那个时代的旅行社虽有企业之名，但正如日本管理学者小宫隆太郎所说“并不是真正的企业”，因为它们面对的是既定的需求，而非基于自身商业能力去发现并满足的需求。从 1999 年国庆节假期开始，我国稳步进入以国民消费为主体的大众旅游时代，特别是 2001 年加入世界贸易组织（WTO）以后，从消费市场到要素市场，旅行社全面进入市场竞争新阶段。旅行社既要与市场拼杀出来的民营旅行社展开标准化的产品竞争和同质化的商业模式竞争，又要与线上旅游代理商（OTA: Online Travel Agent）进行资本、技术和现代商业逻辑的竞争。绝大多数时候，对于绝大多数旅行社而言，都是力不从心的。随着 OTA 主导的行业新秩序的确立，传统旅行社经历了迷茫的二十年，现在看来，也是失去的二十年。相对于民营旅行社，国有旅行社市场化转型和主体性建设更加不彻底。

罗马不是一天建成的，也不是一天倒塌的。直至疫情发生前，传统旅行社的状况如同"温水煮青蛙"，虽然在不断增长的旅游市场中能分到的蛋糕越来越小，但始终还是有的，只是业务增量越来越小，利润越来越薄。对于大量小微企业而言，聚焦到某个细分市场还是有空间的，而被并入中央和地方旅游集团的大型国有旅行社，更多是作为其他主营业务的流量入口而非战略单位而被保留。疫情的到来将温水瞬时烧成了沸水，市场停摆成为摧毁行业信心的最后一根稻草，断了后路也断了幻想。

事实上，每一轮冲击和市场变化都不是对旅行社的单独考验。在需求碎片化、供给分散化的当下，去传统格局的中心化同样发生在众多领域。在旅行服务领域体现为去旅行社化，旅行社不再占据行业 C 位，涌现的是多类型旅行服务商；在住宿领域体现为去星级酒店化，以民宿为代表的非标住宿业态蓬勃发展；在目的地游玩板块体现为去景区化，很多游客不再只打卡高 A 级景区，而广泛进入目的地生活空间。

如同冲浪者无法以一种姿态永立潮头，任何企业幻想以一成不变的模式和产品稳居行业 C 位都是不切实际的。如今，行业的龙头 OTA 正面临着被美团、小红书、抖音、快手、B 站等为人熟知的和那些层出不穷、不为人熟知的新平台和新 App 的分流与竞争。四十多年的行业发展史一再告诉我们：战略颠覆级别的竞争对手往往来自行业之外。如同 OTA 从不认为自己是旅行社一样，这种颠覆与冲击往往来自不同的空间和逻辑维度。当竞争没有了边界，对于企业而言，唯一的靶向和圆心就是市场需求。只有以需求为核心，才能够免于任何学术定义、产品形式、商业模式、组织方式、产业边界的束缚，真正成为为游客出行服务的旅行服务商。

打开了旅行服务的商业思维，一个由都市休闲、乡村旅游、商务旅行、亲子、研学、自驾组成的市场大舞台就拉开了时代的帷幕。只有确立了为旅游和旅行者服务的立足点，旅行社才有可能打破团队游和观光游的真空罩，进入国民经济和社会发展的主战场，进入人民群众的小康社会旅游梦。那些曾经被忽略的身边的美好风景，那些认为利润太薄而不愿去介入的周边游、学校春秋游、乡村旅游，那些曾经不受旅行社偏爱的、对服务要求高而又不具备直接消费能力的老人和儿童群体，那些在几年前还无法想象的自驾游、房车游、小包团，还有政府的公务旅行和企业的商务旅行市场，如今在不经意间都成长为一个又一个生机勃勃的细分市场。在每一个被旅行社忽略和曾经不愿进入的领域，都有更具活力的市场主体在默默培育、耕耘、收获。当旅游与休闲的边界不再有，当出行游玩从远程低频转向短程高频，当城市完成了对乡村旅游消费的虹吸过程开始外溢，当旅游与旅行撑起共同的市场空间，旅游旅行需求始终沿着广度和深度两个方向同时奔涌。在此进程中，新的需求不断涌现，新的市场不断形成。旅行社除了投身其中，没有其他路可选，要么同行，要么淘汰。在真正的旅行服务需求面前，旅行社与其他市场主体站在了一条平等的起跑线上。

一旦建立旅行服务的商业思维，承载民族复兴和人民幸福的美好生活都会成为行业发展的全新动能和资源空间。只有确立了旅游旅行服务的立足点，旅行社才能够从狭隘的资源观中跳脱出来，走向美好的生活世界，豁然开朗。过去，资源与需求离得很远，甚至很少对话，中间隔着一段又一段的业务流程；今天，我们要让资源与需求保持最短的距离，创新性地组合分散化的供给来满足碎片化的需求。过去的思维是从供给到市场，竞争方式是包机包船、切房、切票，能切到什么资源就组合什么产品，就卖什么产品，市场接不接受是销售部门的责任。现在要做的是以需求为导向，游客需要什么服务，我们便提供什么服务。为了提供这样的服务，需要什么样的资源，便去寻找什么样的资源。终有一天，旅行社会明白真正需要做的不是盯着冰冷的资源，而是全情地投入到国民旅游生活中去感受和同行。只要我们真正理解市场，真正与游客在一起，好的产品会自然涌现。

从来就不是旅游业定义旅游者，而是旅游者定义旅游业。

中国旅游研究院院长

目 录

CONTENTS

第一章

“内”化的需求

Chapter 1

Inward needs

需求是一切商业的原点。疫情下被压抑的旅游与休闲需求，如同峭壁上的植物，环境艰难却顽强生长，缺少阳光却抓住各种缝隙向外释放。疫情将旅行服务商重新拉回了需求原点，并向其发出新的拷问：当再次回到起点，需求是否还是原来的模样？

疫情之下的旅游休闲需求，不仅呈现出空间层面从国际向国内、由远程至近程的显性“内”化特征，更表现出从多点打卡到多元玩法，从追求形式到探究内涵，从完整到碎片、由表及里、向内求索的隐性“内”化特征。

一、空间收缩

（一）出境游客向国内游回流

疫情之下，出入境旅游全面叫停，国内旅游率先复苏。2021 年，大规模的疫苗接种和治疗新冠药物方面的科研进展给全球抗疫带来了新的希望和机遇。然而，从全球范围来看，疫情始终未休止，加之变异病毒的传播再次让全球病例数量出现激增。国际旅游虽在部分地区略有恢复，但整体仍处于低位状态。面对国际上复杂多变的疫情发展态势，我国政府为了保障国民安全和健康，果断采取措施，停止有组织的国际旅游活动，客观上在短期内中断了我国的出境旅游活动。疫情限制了人们的出行，但是人民对美好旅行生活的向往从未停止，对休闲度假的需求从未散去。2019 年，我国出境旅游高达 1.55 亿人次，这部分旅游需求不会消失，将转换成新的形式被释放出来。得益于严格的防疫措施，国内疫情防控局势相对稳定，相比于入出境旅游的全面停止，国内游率先得以复苏。

进入 2021 年，国内疫情呈现局部散点式暴发的态势。据文化和旅游部数据中心监控数据显示，张家界、伊犁、南京、郑州、上海、北京等局部地区散点疫情每次得到控制后，都会迎接一个相对稳定的旅游休闲小高峰。这意味着人民已经走出了最初的恐慌，渴望在疫情常态化时期能够过上正常的美好生活，无疑，旅游休闲活动已然成为人民美好生活的重要组成部分。以 2021 年五一劳动节假期数据为例，全国国内旅游出游人数为 2.3 亿人次，同比增长 119.7%，按可比口径已超过 2019 年同期水平 3 个百分点；实现国内旅游收入 1132.3 亿元，同比增长 138.1%，按可比口径恢复至疫前同期的 77.0%；游客满意度达到了 84.8 分的历史新高[①]。

从全国范围来看，西北、西南等内陆区域在疫后成为新的市场关注点。根据文化和旅游部对全国 31 个省市自治区旅行社统计调查报告的数据显示，在 2021 年前三季度旅行社接待人数中，华东地区仍旧是市场需求最强劲的旅游目的地，但较疫情之前，占比有所下降。相比之下，西北和西南地区却在疫后旅游需求中呈现上升趋势（见图 1-1）。疫情对人们的出行方式和出行目的产生了深刻的影响。疫后，除了安全性考虑之外，防疫成本成为出行的重要影响因素。因此，游客更加偏爱自然生态优美、人口密度较低、疫情暴发可能性较低的地区。

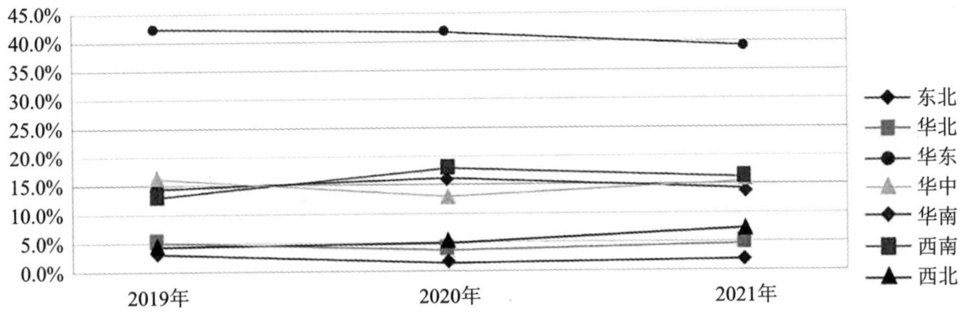

图 1-1　2019—2021 年前三季度各区域旅行社接待人数占比

数据来源：文化和旅游部全国旅行社统计调查报告

西北、西南等内陆区域，因其独特的自然生态、地广人稀的空间格局、独具特色的内陆文化，既满足了疫情下游客的安全需求，也满足了阅历渐丰的游客对自由、私密以及独特体验的向往，成为市场新宠。相较于旅行服务密集的沿海发达地区，这些地区商业欠发达、信息不对称更明显，游客对于西北和西南地区的陌生感较强，对于旅游服务的依赖度更高，因此，旅行服务商的价值得以凸显，享受到了疫情下客流区域转换所带来的市场红利。

“大西北”成为各大旅游平台的热搜词，无论是从搜索热度还是订单数量都呈现激增，尤其是在暑假和“十一黄金周”期间表现更为突出。在产品偏好上，游客追求西北广袤的自然风光，也期望舒适精致的旅途生活；希望在自然中探寻人与自然和谐相处的密钥，也期望体验塞北风光背后的文化内涵；渴望在长

① 中国旅游研究院2021年假日旅游市场报告——旅游业迎来全面复苏的转折点，载于中国旅游研究院官方微信，2021 年 5 月 7 日。

途的旅行中找到志同道合的同伴，也期望能够通过旅行更好地认识自己。游客这种看似“冲突”的需求叠加对产品的设计和实施提出了极高的要求。在旅行方式上，西北和西南地区一直是自驾群体的偏爱之地。疫情之后，兼具私密性、安全性和体验性的自驾游备受市场青睐，适合自驾的西北和西南地区自然成为市场的宠儿。以携程网为例，2021 年国庆假期平台租车预订量同比 2019 年同期提升超 40%，且最受自驾游人群喜欢的目的地 TOP10 中，西北和西南地区的城市占据七个席位[①]。

品质性需求与创新性供给不足之间的矛盾越发凸显。课题组在对西北和西南地区的旅行服务商进行调研时，他们普遍表示，近年来西北和西南的旅游市场需求呈现上升趋势，且对未来的发展预期持乐观态度。当出境旅游被抑制之后，较多出境游客选择西北或西南地区进行长线旅游。这部分高消费客群进入西北和西南地区之后，在带动当地旅游经济发展的同时，使得当地文旅产业供需结构性失衡的问题更加凸显，集中表现在三个方面：第一，高端服务设施供需不匹配。有旅行服务商表示，高消费客群对于高端民宿和高端营地的需求极为旺盛，然而这类产品在西北和西南地区的供给严重不足。第二，深度体验型旅游产品缺乏。在旅行模式上，越来越多的游客偏爱在一地的深度体验游，而当地传统的、较为低层次的旅游产品仅能满足游客的观光需求，而多要素、多感官、深层次的旅游产品供给不足。第三，高层次旅游人才的匮乏越发明显。除了硬件服务设施，旅游服务人员的服务水平也备受考验。高消费游客群体旅行经验丰富，对于旅游服务的要求较高，愿意为高水平的服务支付费用，然而，西北和西南地区能够满足高标准旅游服务需求的人才却严重短缺。总之，面对市场的机遇，如何抓住机遇、顺势成长是西北和西南地区文旅产业面临的重要课题。

西北和西南地区所面临的发展困境也是国内旅游发展所遇瓶颈的缩影。当出境旅游被暂停后，原有出境消费存量应当，也可以转化成国内旅游消费的增量。但是，从 2020 年旅游经济运行数据来看，上万亿元的消费绝大部分并没有释放到国内旅游市场。究其原因，一部分是因为疫情对旅游业的影响，使得国民的旅游消费行为较为谨慎。另一方面则是创新滞后引起的有效供给不足。在人均 GDP 超过 1 万美元的中国，国民文化和旅游消费已经从对量的要求转化成

① 转自携程发布的《2021 年国庆假期出游总结报告》。

为对质的追求。国民出境旅游不仅仅是为了体验差异化的文化氛围，也是为了感受高质量的旅游服务和旅游品质。如今，这样的诉求全部转移到了国内旅游活动之中，当高品质的需求无法得以实现，旅游消费必然无法转化，品质性需求与创新性供给不足之间的矛盾越发凸显。

（二）探寻身边的美好

旅游休闲成为国民大众日常生活的重要组成部分。按照旅游发展基本规律和国际经验，国家和地区人均年出游率低于 3 次，处于旅游发展的早期阶段，旅游是少数人的生活选项。人均年出游 3~5 次，旅游发展进入内涵式增长阶段，旅游开始成为大众的日常生活方式，旅游和休闲需求旺盛。人均年出游 5 次以上，标志着所在国家和地区旅游发展进入成熟阶段，更加多元、更多层次的消费需求将被释放出来。2019 年，我国已经形成 60.06 亿人次、6.63 万亿元总收入的国内旅游市场规模，人均年出游近 4.3 次[①]，进入了大众旅游全面发展新阶段。与此同时，休闲已成为城乡居民的基本诉求。2019 年的 60.06 亿人次国内出游人数中，初次出游的仅占 15% 左右，约 50 亿人次是“老”旅游者所形成的常规旅游行为，这意味着国民出游习惯已经养成。据中国旅游研究院（文化和旅游部数据中心）测算，2021 年劳动节五天假期，全国旅游出游 2.3 亿人次，其中农村居民占到出游总数的 14.5%。如果算上县城和中心城镇居民，这一比重还会更高。早已作为日常生活的重要组成部分的休闲旅游活动，即使在疫情之下也在尽力释放，呈现出新的特征和发展趋势。

客观条件限制下，游客的出行半径明显缩短。国际疫情的反复导致国际旅游恢复迟迟被暂缓，国内疫情偶有散点式暴发限制了人们的长距离移动。面对假期，各地均发出建议市民不离市的倡议，中小学也纷纷要求学生和家长在本地停留。与此同时，国内各地偶发的疫情，也使得人们出行的防疫成本增高，因此主动选择减少远距离的出行。虽然疫情限制了人们的出行距离，却难以浇灭人们内心对出行的渴望，刚性旅行需求的基本面还在，只是其表现形式发生了变化。从节假日旅游市场数据来看，出游距离、目的地游憩半径、人均消费总体呈加速收缩的态势。以 2021 年国庆节假日为例，城乡居民平均出游半径 141.3 千米，同比减小 71.7 千米，降幅达 33.66%；目的地游憩半径 13.1 千米，同比减小 7.7%[②]。在受疫情影响的两年里，本地游和近程游为代表的“近出行、

① 数据来源于文化和旅游部官方网站的《2021 年文化和旅游发展统计公报》。
② 数据来源于中国旅游研究院（文化和旅游部数据中心）《2021 年国庆节假日旅游市场报告》。

浅需求、低消费”已成为旅游业赖以生存的基础市场。

近程旅游市场和本地休闲市场需求持续旺盛。出行半径的缩短引起了市场对周边游产品的认知强化，人们从来没有像今天这样关注身边的美丽风景和日常的美好生活。寻找身边的美好，向生活场景要资源，发现并满足那些过去被忽视的需求，成为新的市场机会。以 2021 年国庆假期旅游数据为例，“3 小时”旅游圈成为假期主要活动范围，以短时间、近距离、高频次为特点的“轻旅游”“微度假”“宅酒店”成为假期游客的热门选择，“本地人游本地”的特征明显。根据专项调查显示，五成左右的游客选择在城市周边的乡村和郊区公园度过“十一假期”①。

近程和本地休闲旅游是满足游客碎片化时间休闲需求的重要供给。由于平时“996”的工作节奏和学生群体固定的学习安排，人们越来越发现，长距离出行所需的时间成为难以满足的条件，于是，利用碎片化时间来满足休闲活动成为调剂人们平时生活节奏的良方。周末出行的需求持续旺盛，尤其是亲子出行需求，而相对于旺盛的需求，周边旅游休闲的供给却不足。很多受访者都表示，周末与家人或朋友出行的欲望很强烈，但是却常常陷入无地可去的困境。因此，我们可以常常见到，城郊周边一旦出现新的文旅项目，便会迅速点燃市场，成为市场关注的热点。类似地，城郊文旅项目也面临着品质提升的困境。由于市场资本长时期忽视近程和城市“微游”市场，加之这部分市场长期处于供不应求的状态，城市近郊休闲旅游产品质量普遍不高。正如城市公园的商贩老板所言：“一圈 20 元的小火车，到了周末都要排队。”然而，随着人民生活水平的普遍提升，人们出行经历的愈加丰富，游客对旅游产品品质的要求与日俱增，甚至有受访者表示，出行有时甚至不是为了追求差异感，而是为了寻找更具品质的旅游产品。游客会将旅行过程中的体验和品质感受带回惯常生活的城市，同样会将品质化的需求映射到周边旅游供给之中，因此，大众对周边产品的品质化需求日益增加。

既具人文气息，又具乐趣体验的都市旅游休闲产品引领市场潮流。在经济发达的城市和区域，具有敏锐市场嗅觉的旅行服务商率先打破了都市旅游“灯下黑”“身边无风景”等固化标签和传统认知，在人口密度和消费实力的双重支撑下，主动引领了都市旅游产品的深度开发。

---

① 数据来源于中国旅游研究院（文化和旅游部数据中心）《2021 年国庆节假日旅游市场报告》。

与以往在异地的旅游活动不同，“微游”等是当地居民在惯常环境下进行的旅游活动。当游客进入非惯常环境，强烈的陌生感会转化为新鲜感和刺激感，游客很容易进入休闲的畅爽体验状态。传统的宏大叙事的传播方式和拼凑资源的粗放运营模式在人口红利和非惯常环境的作用下可用于满足游客异地的观光休闲需求。然而，在熟悉的环境之中，居民对文化和旅游产品的消费更加理性、供需之间掌握的信息更加平衡、可替代的休闲活动更多，因此对于休闲旅游产品的品质和体验内容要求更高。纵观疫情之后人气和口碑双丰收的周边游产品便是那些兼具人文气息和乐趣体验的休闲潮品。春秋旅游集团推出的“建筑可阅读”系列产品，最早本是为入境游客打造的 City Walk 产品，疫情之下推出后，80% 的游客是本地居民，成为深受本地市民喜爱的周末休闲旅游活动。对于那些被上海市民视为生活场景的建筑被忽略在人们的视野中，人们愿意花费高昂的交通费用去欧洲看同类型的建筑，却不知发生在身边的故事，不知那些静待在城市百年的建筑所承载的历史。“建筑可阅读”便是将铺盖在建筑外的薄纱揭开，向生活在这里的人们展示它的魅力。正如一位游客在参与之后的游记中所述的那样：遗留的文物古迹见证了城市的兴衰，街角的茶馆可能大有来头，某座建筑的背后也许是小人物的悲欢离合，那些沉默的建筑，用超越时空的视角，将一个个故事娓娓道来，就像果戈理说的那样：“当音乐和传说都缄默的时候，只有建筑还在说话。”显然，这样的文化休闲产品让居民更加了解自己生活的城市。的确，很多参与的居民表示：“自己生活在上海这么多年却对这里不太了解。”这样的产品给许多来到上海的新城市移民带去归属感和认同感。类似地，Bikego 推出的“大咖说”让观赏门槛比较高的博物馆成为居民能够愉悦体验的文化产品；马蜂窝的“周末请上车”为亲子家庭解决了周末无处可去的困境；游侠客的“趣杭州”让杭州市民体验到了杭州风趣、活泼的一面。城市“微游”“轻游”“微度假”等产品都是在人们熟悉的环境中创造新鲜感，更加注重游客内心诉求的满足，细腻地处理游客的情感需求，给人以文化和品质的体验感。

（三）生活空间与旅游空间相互融合

如今的游客不再只为 5A 级景区心动，也不再是被大巴车罩起来行动的群体。如今的他们可以广泛地进入目的地的每个角落，深入居民的生活空间。他们愿意为一杯网红奶茶而排队数小时，愿意为了在重庆的街头拍张照片而购买机票，愿意在当地居民的休闲空间中体验旅行生活的美好。

居民的生活空间逐渐成为游客品味城市文化蕴含的旅游空间。当地居民在本地的探索成为游客深入探索目的地的体验空间。如果说文化地标和旅游景点是城市旅游的形象支撑，文化空间和市井集市便是城市品质的生活依托。越来越多的游客愿意深入地体验城市的文化底蕴，品味当地市民的日常生活。旅游从观光走向休闲以后，生活方式与商业环境等非传统意义上的旅游资源开始成为游客选择目的地和消费决策的关键要素。交通、信息和金融要素的流动越来越顺畅，各地的商业环境、品牌引入、公共服务现代化水平得到提升后，不同目的地在基础产品上能够带给游客的差异感会削弱。因此，在现代旅游经济体系中，没有什么传统资源是不可替代的，只有植入当代人的生活方式，城市、乡村和社区空间才是独特的。于是，游客开始走进城乡居民的日常休闲和生活空间。此时，旅游资源的视域被再次放大，原来那些只为本地居民所享的生产生活空间、休闲内容甚至非主流人群的消费场景，逐渐成为游客纷至沓来之地，博物馆、美术馆、图书馆、戏剧场更是成为主客共享的美好生活新空间。一旦市民的日常生活空间对旅游市场打开，游客对目的地的深度探索便一发不可停止，共享美好生活新空间的探索步伐会越来越快，生活场景中旅游消费空间的拓展也会随之扩大。

曾经只为游客服务的空间开始向本地居民开启，成为城市休闲活动的新空间。游客离开景区和酒店走进目的地生活空间的同时，那些为游客服务的空间也开始向本地居民打开。游客和城乡居民开始了相互渗透的过程。当游客的选择越来越多，原来只服务于游客的酒店、景区的客流自然会被或多或少地截流。新兴吸引物层出不穷，会使传统旅游空间和消费场景流失率呈现加速趋势。面对市场基础的流失，传统旅游空间的经营者也在千方百计地寻找新的消费增量。可行的路径便是将旅游空间向本地市民开放，使得旅游场景生活化。以酒店业为例，曾经，酒店被认为是只与游客有关的消费空间，如今，众多酒店集团和单体酒店开始尝试为本地居民提供服务。实践证明，它们的市场探索是成功的。疫情期间酒店业的尝试更证明了本地居民在酒店中的消费潜力。高星级旅游酒店在疫情期间为本地居民提供了丰富和有品质的上门餐饮服务，将星级服务送到市民家中。还有一些酒店创造性地进入本地居民的工作场景。随着远程办公日益流行，越来越多的酒店开始对自身的营业空间进行改建和装修，向公司或个人提供办公环境。在旅游空间走向市民生活场景的道路上，除了酒店，还有码头、高铁站、景区、餐饮店、购物店等旅行服务的各个环节，各个业态和消费场景在对本地居民全面开放。如今，旅行与生活的边界已然被打破，旅行与工作的边界也正在消亡。随着弹性工作制、共享员工、自由职业者群体的增加，作息时间、工作空间和旅游场景的柔性切换已经在部分程度上成为现实。商务旅行过去是工作，而年轻一代的职场人士，把旅行和休闲融合在一起了。工作即旅行，旅行即休闲的新理念，将对旅游市场，进而对整个旅游经济体系带来全新的变革推动力。

二、消费积聚

疫情对游客的旅游消费行为产生了深刻的影响，从消费结构上来说，游客的消费向高性价比和高价值高价格两类产品积聚的趋势日趋明显，居于中端的产品消费下降较为明显。

（一）M 形消费结构的形成

消费倾向一般是指消费者将可支配收入用于消费的比例，对居民消费倾向的分析是判断我国未来经济发展趋势的重要依据。新冠肺炎疫情的发生对居民的消费倾向有明显的抑制作用。根据我国家庭调查数据显示，2020 年我国消费倾向降至 65.9%，较 2019 年下降 4.2 个百分点。其中，服务消费受疫情的冲击最为显著，消费倾向降幅更大[①]。不同收入群体消费倾向受疫情影响程度存在差异，其中中等收入群体受冲击最大，消费倾向下降明显。根据国务院发展研究中心的数据，与 2019 年相比，2020 年 10 万 ~50 万元的中等收入群体收入同比有所增长，但消费均出现 10% 以上的大幅萎缩（见表 1-1）。疫情之下中等收入群体消费倾向下降是一个普遍现象，消费结构整体呈现“M”形，虽然这不是旅游业独有的特征，但是无疑会对旅行服务市场产生影响。

表 1-1　2020 年居民收入、消费和消费倾向变动情况

收入水平	5 万元以下	5 万 ~10 万元	10 万 ~30 万元	30 万 ~50 万元	50 万元以上
居民消费同比变化情况	-10.0%	-11.6%	-16.9%	-10.1%	2.6%
居民收入同比变化情况	-34.2%	-8.3%	3.9%	10.5%	14.8%
居民消费倾向与上年比值	1.37	0.96	0.80	0.81	0.89

数据来源：国务院发展研究中心

① 陈昌盛，许伟，兰宗敏，等.我国消费倾向的基本特征、发展态势与提升策略［J］.管理界，2021，37（8）：46-58.

旅游消费向高性价比和高端化两极分化。课题组在调研中发现，众多旅行服务商表示，客单价偏低和偏高的旅游产品在疫情之后更受市场欢迎，相对来说，中端价位的旅游产品销售量明显下降。疫情发生后，由于收入和对未来经济状态的不稳定性，低价消费呈现上升趋势。最典型的是拼多多平台活跃用户的快速增长。以低价为核心竞争力的购物平台拼多多，活跃买家人数在 2022 年上半年增加了近 1 亿，实现了连续 5 个季度增幅达 40% 左右。旅游消费中也出现低价产品热销的现象。疫情之下，作为服务性消费的旅游消费也出现消费倾向的下降。然而，伴随中国社会经济增长和旅游业发展，国民的收入水平和旅游消费水平也日渐提升，旅游消费不再是远离一般民众的特殊消费，而成为人们维持日常生活幸福感的必需品。旅游已经成为现代人的一般生活方式，旅游消费也转化为现代人的一般消费品。因此，客单价偏低的旅游产品成为人们偏爱的选择，尤其是近郊和城市休闲旅游产品，客单价偏低，且住宿和交通费用较低，出行总成本相对较低，成为疫情之后的热门产品类型。另一方面，原来的出境旅游客群转移到国内旅游消费之中，推动了国内高端旅游产品的消费。高端民宿、房车出租、特色餐饮等客单价较高的旅游产品供不应求，精致小团、主题团、特色团等成为旅行服务商在疫情期间的主打团队产品。一边是高性价比的大众化旅游产品的火爆，一边是高消费的高端产品的供不应求，反映出旅游消费分化的事实。

M 形消费结构会引发行业内新型消费模式的出现。从其他国家和其他行业的经验来看，M 形消费结构的出现会引发行业内新型商业模式的出现。比如，服装领域所出现的快时尚品牌 Zara、H&M、UR、GAP 等，都是 M 形市场结构的产物。类似地，名创优品在我国的快速发展也是另一例证。名创优品在 2013 年进入中国后，通过供应链与头部工厂的合作模式，降低商品售价，店内商品单价以 10~20 元居多。价格低廉的同时，名创优品同时保证商品的外观和质量，产品流转和更新周期快，每 7 天便会上新品。这种新商业模式的核心在于在消费能力下降、消费倾向弱化的趋势下，仍旧有不放弃品质追求的群体，从而为这部分群体提供单价低但品质较高的更高性价比的产品和服务。旅行服务商们应该从其他行业的发展中预判旅游消费的趋势，积极探寻新的商业模式和产品形态。

当市场需求为 M 形时，为处在低谷处的中等收入群体提供适合其消费能力和品质诉求的产品，具有广阔的市场空间。中等收入群体的消费倾向有所下降的原因是，无法支撑高消费的同时又无法放弃对商品品质性的追求。未来，旅行服务商针对这一客群消费潜力的激发就在于品质化旅游产品的研发和新型商业模式下产品成本的降低，把握这两把钥匙，便可满足中等消费群体的消费诉求，从而获得潜在的市场机遇。

（二）消费升级与市场下沉并存

在旅游消费向两端积聚的当下，如何让更多的旅游产品以普惠的价格和较高的品质走进百姓生活，让更多人享受得到、享受得起品质化的旅游服务，是未来我国旅游业发展中需要培育的一种能力。

从宏观尺度上来看，纵观我国旅游业四十年发展历史，无论从收入、支出、价格、品质、信心、环境、理念哪个维度考察，旅游消费都呈现显著的升级。随着国民经济增长、技术进步和社会发展而来的可用于旅游支付的能力提升和闲暇实践的增多，对旅游市场平均消费水平和总体旅游消费能力明显提升。过去，游客跟团"打卡"、购物、照相，如今，游客要体验米其林餐厅，要住特色和文化主题突出的民宿，要感受极具当地文化特色的演出活动。在传统旅行社无法满足游客越来越个性化需求的背景下，得到了资本和互联网技术支撑的网络平台（OTA）为游客提供各种消费信息。于是游客开始一边手握手机查询信息，一边开始 DIY（自己动手制作）的探寻之旅。可以看出，随着消费升级，只有通过产品、价格、推广等商业策略的组合创新，市场主体才能获得新的市场机会。例如，携程、凯撒旅游、广之旅开始推广定制旅游，租租车平台、穷游网专注于当地玩乐。新型和传统市场主体之间、新兴公司之间的竞争，既为升级后的消费品质提供可靠的保证，又为价格提高设定了应有的限制。

低价并不意味着低质。高性价比的产品并不意味着品质的下降，它可能是因为新兴商业模式带来更丰富的客源，使得供应商有能力降低供货成本，从而实现消费价格的下降，也可能因为消费者的新兴消费理念不再将价格和品牌作为品质的等价标签，而是转向了对商品核心本质需求的回归。春秋旅游集团推出的"建筑可阅读"市场售价仅为 49 元，然而其产品内所蕴含的文化品质却受到游客的一致赞赏。纵观疫情之下兴起的城市微游产品都具有这样的特征，客单价不高的旅游产品体验感和品质感都较高，成为备受市场欢迎的高性价比产品。因此，这些高性价比、普惠的供给不等于品质的下降，而是通过技术进步、商业创新、人口积聚、政府转移支付、企业社会责任等方式，在保证企业生存发展的前提下实现的品质化普及，从这一角度来看，其本身就是大众化的消费品质升级的表现。

下沉市场成为文旅企业未来争夺的重要客源市场。近年来，随着人口城镇化率的提高、低线城市居民收入的增加，三、四线城市消费市场快速增长。虽然消费能力不及一、二线城市，但是消费体量庞大、消费增速明显，成为文旅企业无法忽视的巨大潜在市场。以携程为例，携程平台的线上用户以商旅客群、高端人群为主，而携程门店则下沉至县域，不断拓展，为其带来了更多新客源。疫情的暴发加速了文旅巨头们布局下沉市场的步伐。在三、四线及以下城市人口流动相对较少，成为疫情中相对安全的低风险区，休闲娱乐和酒店业等恢复较快，市场回升显著。华住集团的“千城万店”计划便是通过深挖下沉市场，实现自身规模的激增。进入“十四五”的发展新时期，广大的三、四线城市将成为文化和旅游产业高质量发展的关键所在，这些地区在文旅产品供给、智慧旅游布局等方面都存在不足，但同时也是未来发展的潜力市场，因此众多头部文旅企业纷纷布局下沉市场战略。

未来，旅游消费升级和市场下沉，休闲需求稳中有升和升中有变的趋势将进一步显化。客源地的公共文化、文化休闲和艺术氛围，对游客的目的地选择、消费决策和消费行为的影响更加明显；目的地的科技创新和数字化水平，将对游客获得感、安全感和满意度的影响更加明显；广大游客对个性化和品质化的追求，对旅游消费的自助、共享和碎片化的影响更加明显；资本要素和技术、教育、创意动能，对旅游产业的现代化、分散化和创新性的影响更加明显。“四个更加明显”将“十四五”期间旅游市场演化的主线，也是各级政府做好旅游工作必须面对的现实。现在还有不少旅游机构和市场主体没有意识到这些正在重构旅游经济发展格局的趋势，仍然以传统的思想把旅行社、旅游景区和星级酒店当作旅游业的全部，仍然把自然资源和文化遗产当作旅游资源的全部，仍然把无差异广告、参展参会、名人代言当作旅游推广的全部，看上去热热闹闹，不过终将落得“人散去，一弯新月如钩”的寂寞罢了。资源还是原来的资源，但是市场不是原来的市场了，游客要美丽风景，更要风景之上的美好生活。文化休闲和旅游消费的多样化和受众群体的分层化，需要市场主体转变传统思维，运用灵活的应对能力和创新性的产品思维把握市场。

三、由表及里

游客的体验诉求呈现由表及里的深刻变化。从表层的身体愉悦向内在的身份、归属、自我意识等方面不断探求。从追求好看，到追求好玩，从追求来过，到追求留下了什么。旅游的形式和内容越来越多地裹挟了游客自我与目的地的深度交融以及不断创新的表达途径。外化到旅游产品上，就形成了更加多元和个性的产品供给。游客从关注形式上的满足到重视心理的需求和感受，正是我国旅游消费从物质型迈向精神型的体现。相较于外在可量化的客观需求，游客心理层面的需求更难以直接观察和及时获取，甚至对不同游客的同类心理需求的响应方式也不一样，向旅行服务商提出了更高的挑战。

（一）细分市场的需求画像日益清晰，游客自我意识不断凸显

疫情影响下，传统大众旅游产品暂时式微，各种主题性、小众化、定制化旅游产品引领旅游市场复苏。与画像统一的传统观光团游产品相比，不同细分市场的需求画像日益清晰，旅游者表现出对产品内容、展示形式、信息传达方式等方面的差异性、深度化与多元化诉求，并通过这些诉求彰显自我的内在诉求与价值。

旅游需求在社会人口统计特征方面的差异更加明显。年龄方面，代表市场前进方向的年轻人需求特质鲜明，吸引了市场供给者的广泛注意。作为社会的中流砥柱，“80 后”“90 后”仍然是旅游市场的主力军，他们展现出对“微度假”等新形式的热爱，在差旅消费领域遥遥领先。而 Z 世代（指 1995—2009 年出生的一代人）游客异军突起，具有旺盛的出行动机，表现出个性化的旅游需求。他们对旅行途中的深度交流、身份认同与圈子归属的显性社交诉求非常强烈。在产品上，他们倾向于选择滑雪或徒步旅行等基于活动的假期，或者是以音乐会、节日、体育运动等特殊活动为契机的旅行。他们青睐更有挑战性的景区，更喜欢基于运动旅游的全新生活方式。作为第一代数字原生代居民，Z 世代游客绝大多数依赖在线旅游资源，特别是通过 OTA 来计划旅行，更喜欢 OTA 的动态套餐和常客计划。他们深谙数字技术，更依赖于社交媒体，其消费模式是推荐—预订—体验—分享的逻辑闭环，因此，通过在线平台吸引他们很重要，要确保为他们提供无缝的预订体验。相比较于简单的拍照打卡，年轻人更热衷于对中国文化进行沉浸式体验，历史博物馆和艺术博物馆带来的“博物馆之春”和“新文创买买买”也是旅游新国潮受到年轻人欢迎的重要体现。中

老年游客市场表现也很突出，尤其是具有较高消费水平的老年人，其消费需求在主题市场上表现非常坚挺。中老年用户拥有更多的闲暇时间，热衷于学习和靠拢年轻人的信息搜索方式和出游习惯。随着移动互联网技术持续迭代升级，他们的在线消费内容需求也相应提升。这将给相关行业积淀更丰厚的数字资产，为市场潜力挖掘提供更多参考价值。除了年龄，男女性用户的消费偏好也更加清晰。比如，男性用户在下单时更注重酒店的美食，女性用户则更容易被酒店的环境设施和亲子项目所吸引。女性用户价格敏感度低于男性，更喜欢一步到位享受高配。值得注意的是，家庭出游中，女性用户，尤其是年轻的女性用户，她们在整体决策中处于优势地位。而且，市场涌现出大量的一大带一小的出游模式，多数是以妈妈带孩子的方式实现。

细分市场上的游客画像日益清晰，反映出游客对深层自我的不断思考。旅游成为他们对自己进行认知判断，对生命价值进行深入思考，以及不断建构自我形象的路径。对他们来说，旅行不再是盲目跟风、罔顾自我的选择，而是深刻洞悉内心需要之后，在旅游产品供给侧不断优化改进的市场基础上的自我彰显。中国自然与文化资源丰富多样，为潜在的巨大旅游消费市场提供了进行差异化产品选择的可能。基于不同文化主题和自然资源背景的小众旅游线路以及旅游目的地不断崛起。从滑雪到登山，从摄影到研学，对于不同细分市场来说，体验成为第一要素。通过选择不同的旅游产品，行走不同的旅游目的地，参与不同的旅游线路，游客不断地为自己贴上运动达人、美食饕餮客、资深探险者等标签称号，这不仅是他们对自我的确证，也是他们在自我认知和社会交往中的识别标志。旅行让他们不再是寂寂无闻的普通人，让他们具有某些典型社会属性，是可以被归到某一圈层中的一种方式。当前，为兴趣爱好出发的主题游时代已经到来。各类主题旅游圈子已经颇具规模。旅行不断反映着后现代的人们对现代性所带来的自我迷失的一种反抗。习惯了都市便利性却厌烦都市紧张、烦躁生活的都市人前往自然乡野之间寻找归耕田园的诗意乡村，享受着交通便利、开放共融优势的沿海居民不断走进内陆寻找纵横的丘壑，乃至毅然放弃写字楼内 996、007 的紧张生活，背起行囊，远走他方的白领人群，他们都是在用自己的实际行动，追索什么是值得，什么是生命的意义，人该以什么方式栖居于世界的答案。在价值多元、开放开明的社会里，日益个性化的游客用自己的选择与他们认为的不符合其自身价值判断的现实抗争，以此造就自己生命的精彩。

主题性、小众化和定制性产品成为市场新宠，反映出的正是游客希望通过旅游消费展示和建构内在自我的深层动机。主题产品突出了游客的兴趣、爱好，清晰地描述着游客的身份标签。“潮酷”“野奢”“深度”等，都是产品自身和游客诉求的双重表达。不论是摄影旅拍、亲子研学、户外运动以及野奢露营，游客更希望在细分旅游产品中找到与内在自我相契合的选择，彰显自我身份和价值观念。不管产品主题如何变化，始终不变的是产品形式与游客自我的内在关系。同时，主题市场上的旅游消费更强调体验共创。由于产品契合着游客内在自我的某一维度，其参与动机、共创能力有保障，进一步凸显了游客在旅行中的价值。

（二）旅游的社交维度跃升为游客最主要出行动机之一

游客通过各种深度旅行的方式，不仅获得了自我价值的确认和增长，还通过旅行进一步结交朋友，寻找更多志同道合的人。在旅途中面对面的、或深或浅的显性社交需求之外，是日益增长的在虚拟世界中展示自我的隐性社交需求。社交本就是旅游活动的重要维度，传统意义上的包团出游，尤其是单位组织的集体出行，其社交属性十分突出。单位组织包团出行，对组织内的人际关系以及组织人力资源建设，具有重要意义。至今，会奖类旅游产品仍是企业所青睐的员工激励方式。但在传统的散拼大团中，由于游客来自不同的地方，其既没有原有社会关系的加持，也没有基于兴趣爱好深度交往的动机，因此，旅游的社交属性一度让位给经济属性，人们只是在同一时空以及同一大巴车内共同消费了一次旅游目的地的线路，所有交往，即使存在，也往往仅限于社会性致意，互动内容少，层次浅。随着人们旅游经验的不断增多和旅游市场供给的日渐丰富，游客的自我意识持续觉醒，他们在追求美景、美食的同时，也希望在旅途中邂逅美好的人，可能是目的地的居民，也可能是具有相同兴趣爱好的旅游者。在疫情的客观影响下，旅游的人口红利短时失效，倒逼着谋求生存和发展的旅游企业在产品内容选择、方式呈现上面下足功夫，他们深刻地抓住游客这一动机变化，基于兴趣爱好，提供更多的主题性和专业性的旅游产品，在满足自身产品提升的同时，也为旅游社交属性的进一步凸显提供了可能。主题游、小团游等产品不断扩张，深度迎合了游客需要通过此类深度的、专业的、主题突出的旅游产品，找到圈层归属的社交需求。“重要的不是去哪里，而是和谁一起去”，这一口号清晰地展现了不断深入的旅游体验社交维度。

旅游社交属性的不断凸显，贯穿在游客从旅游出行前决策到旅游完成后的评价的全过程。年轻一代的旅游群体，出行决策受到微信、微博、主题社区、网络圈子的影响更加明显。他们从朋友圈中获知信息，朋友圈的每条旅游有关的动态都可能成为其出游决策的依据之一。在旅游行程中，游客不仅观看和体验目的地的美景，在和地方充分互动的同时，还通过微信、抖音等平台与处在异质时空内的熟人关系持续互动。专业的旅拍、航拍经常成为Z世代游客选择旅游产品时的标配，一方面是为了留下更美好的回忆，另一方面游客在他个人的社交账号上呈现出一场怎样的旅行，其重要性可能并不亚于真实的旅行体验本身。对很多游客来说，旅游不再仅是一种整体性的地方体验，分享朋友圈成为旅游体验的一部分，游客将旅程的精华在自己的圈子中分享，精选9张高质量的图片，再配上生动形象的高趣味描述文案，展示自我的同时，也通过晒与赞的互动操作，对自己社交范围内的人群产生潜移默化的影响。通过将个人行程暴露在社交平台上，旅游者的关注重点从外在文化和景观转向自我主体，旅游者的畅爽感受在这一过程中获得延伸。旅游体验的质感更加深厚。旅游行程结束后，不论经历是否愉悦，游客都希望在网络世界中分享个人的经历。旅游分享行为延长了旅游体验的链条，观看和回复朋友圈的评论将再现旅游的某些精彩瞬间，并强化、深化游客所获取的现场旅游体验。因此，对于每一位到达目的地旅游的游客来说，虽然是第一次踏足旅游目的地时空，但其实已经在对其他人旅游经历的凝视中预先学习与演习了其与目的地的交融方式。各网络平台，包括以携程、飞猪等为代表的旅游垂直搜索引擎，百度、腾讯、新浪等大型门户网站的旅游评论社区，以及专业的旅游评论性网站，到到旅游网、马蜂窝旅游社区等，和微信、微博、抖音、小红书等自媒体渠道一起，为游客接收和传递旅游信息，提供了更多的社会性而不是商业性沟通的通道。

旅游的社交属性不断凸显，可以从两种市场现象中得以确认。一个是基于兴趣的陌生人社交，一个是基于亲朋关系的熟人社交。2021年，兴趣式旅游兴起，通过旅游寻找更多志同道合的人，在年轻游客身上表现尤其明显，各种户外团队、不同主题的体育旅游类产品表现突出。而这类产品，正是由于“适合朋友聚会，可以提供以往没有尝试过的体验”而吸引年轻人。不少年轻人认为，这类团队运动更容易让人发现“同好”，结交朋友。与主题类产品更多吸引具有相似爱好，从而拥有更多共同语言的陌生人来说，定制游、小包团等产品，则体现了旅游社交维度上的熟人社交。从疫情后的市场来看，在“出游安全”的核心诉求之下，消费者逐渐摒弃以往大团、长线、走马观花的旅游方式，跟团游需求从传统大团出行逐渐演变成更加注重私密、个性化服务的小团化旅游。

一单一车，专车专导的“私家团”在跨省游恢复后迅速脱颖而出。马蜂窝数据显示，2021 年约 60% 的用户选择和家人、朋友一起周边游。朋友结伴和亲子家庭是最常见的出行方式。迈点网的数据也显示，2021 年，研学房车亲子游最畅销，闺密组团体验野奢产品。野奢类产品订单较 2020 年同期增长 400%，预订用户以“80 后”家庭及闺密客群为主。通过共同的出游，改善亲子关系、弥补孝心孝道、增进闺密情谊、柔化同僚关系等，通过具有私密性和享受难得的亲情、友情等人伦情感，成为人们在观看美景、享受美食、获得知识等显性诉求之外的深层动机。

（三）旅游产品的呈现方式与形式变得前所未有的重要

对于追求个性化和多样性的市场需求来说，产品的呈现方式和形式变得前所未有的重要。颜值效应开始显现，越来越多的旅行服务商开始搭建自身的专业内容运营团队，并将其培育成市场竞争力的重要维度。游客不仅需要好的产品内容，还需要有创新的产品呈现方式。而对于内容和形式的创新，则不仅体现在旅游的核心体验要素中，还体现在食、住、行等支撑性要素的呈现方式，以及旅游产品信息传递的方式等各个方面。

想把自己拍得美美的，希望见到的、体验到的都是有文化差异性的，审美需求以及文化需求已然被深度激发，并不断倒逼旅行服务商和从业人员提升自身发现和创造美、挖掘和传播文化资源的能力。为了追索游客需求的变化，旅游供应商不断创新产品内容和表达方式，一步步丰富着“游”的立体形象和深刻内涵。在这一方面，具有市场敏锐度的专业性公司或者是某些主题性的小而美企业表现十分突出。以科技赋能目的地起家的路书云，在疫情期间将自己的重心转向了“内容赋能目的地”，和各地方政府合作，创新产品的内容，深挖产品文化元素，为特定市场的需求提供适合其内心需要和消费习惯的产品。比如，将莫干山民宿旅游的产业链条不断延长，针对亲子市场开发的“自然稻礼”，给亲子家庭提供了学习和体验亲情的机会。同是与莫干山合作，针对当前剧本杀大热的情况，结合年轻人对游戏的热爱，开发了超大型沉浸式实景游戏——莫干山往事剧游，受到年轻游客的广泛欢迎。而针对音乐狂热粉，路书云则在莫干山优美的自然环境里，开发奇幻嘉年华的音乐狂欢节。同样的一个目的地，在旅游企业创意的深度加持下，结合不同的时尚要素，为细分市场提供了符合他们心理诉求和接受方式的产品。在成就旅游者一次次非凡体验的同时，也为疫情之下的旅游服务企业找到了生存和盈利的路径。类似的产品展示形式和内容呈现方式的深化还有很多。比如，Bikego 的博物馆大咖说，大胆引入各领域的“大咖讲师”，将原本静态的文物陈展，通过具有深厚知识积累的专业人员娓娓讲述，变成了一次次思想和文化的盛宴。旅游企业在各自擅长的领域内，用深挖文化内容的方式，打造目的地旅游 IP，创新的形式和内容为不断演进的旅游需求提供了更多可以匹配的场景，适应并不断引导着他们的需求变化。

一张构图精美的海报、一句直击人心的文案都可能在不经意间给游客成功种草。一段段真实且具美感的视频正在打开产品同质化、信息不透明的黑箱，让各家的特色凸显出来。而一场场别开生面的直播，其价值不能只用漏斗转化率和核销率来评价，而是一种集流量吸引、产品展示、社群运营、在线客服、促销拉新等多种功能于一身的营销运营模式的尝试与探索。基于此的社会化内容营销在促动旅游者旅游动机生成和旅游行为决策方面发挥着更加重要的作用。传统的旅行社、OTA 以及利用自身资源优势深度介入旅游服务领域的非垂类主体，在内容营销上下足功夫，在对接游客新的旅游信息接收途径上各显身手。春秋旅行社以 64 条永不拓宽的马路为依托开发的城市微游产品，统一定价 49 元，通过旅游服务人员深度讲解，在向人群传播上海地方文化的同时，用微游产品宣传了春秋的服务品质，是以产品做营销的行业典范。户外达人、美食博主等利用自身的专业性和影响力，注册旅游企业，带领一众同类兴趣爱好者进行深度体验，是以个人影响力乃至个人 IP（知识产权）做内容影响。马蜂窝启动旅游金牌主播和银牌主播的评定，鼓励并激励旅游达人、目的地政府以及平台商家，发挥经验优势和专业优势，生产出更多、更有吸引力的内容，不断夯实自己在在线旅游社区中的影响力，通过专家生成内容（PGC），引领出游风尚。各在线旅游服务商的旅游评论板块，也采用各种方式激励用户自生成内容（UGC）的生产，培育平台 KOL（关键意见领袖）和 COL（文化意见领袖），既注意网络大 V 的影响力，也全面发动所有用户群，将每一个用户视为一个内容营销的接口，颠覆传统大众营销中信息单向沟通的方式，而是主动生成内容，吸引新一代消费群体的注意。携程 BOSS 直播引起较高关注度。携程将董事局主席梁建章的个人 IP 与高星级酒店深度捆绑，开启了携程的“BOSS 直播”。创新的服化道让携程直播团队成功破圈。作为旅游行业复苏的灵魂人物，携程董事局主席梁建章将其 IP 价值展现得淋漓尽致。从唐伯虎到秦始皇，从苗王、孔子到海王，20 场“BOSS 直播”，其造型场场不重样。以“BOSS 直播”为核心，联合“周末探店”直播、“境外本地”直播等的 40 余场直播与高星酒店深度捆绑，历时 4 个月零 6 天，交出了累计成交总额（GMV）人民币破 11 亿元、产品核销率近 5 成、为千家高星酒店带货超百万间夜的成绩单。

主题化产品的盛行，使私域流量的运营成为炙手可热的营销方式，也对旅游服务提供商提出了新的挑战。传统的旅游营销方式，如设立旅游服务网点，依靠经销商层层分销的方式逐步受到各种社会化营销媒体，以及内容营销平台的挑战。对于旅游服务的提供者来说，维护并扩大其私域客户群，定点定向地传递旅游信息，并且在主题社区中利用个人的人格魅力、在产品生产和销售中重视内容和口碑营销，成为考验其新时代运营能力的更为重要的指标。

游客对旅游产品呈现方式的更高要求，不仅体现在旅游的高峰游览体验中，还贯穿在食、住、行、游、购、娱等支撑性的旅游体验中。二老资源（老天爷和老祖宗留下来的资源）不再能通吃天下，加入个性化创意的旅游产品更抓人心。民宿由旅游住宿元素上升为旅游体验核心元素，“宅酒店”的度假模式日益盛行。围绕着民宿 + 景点，各旅游目的地，尤其是乡村类的旅游目的地，吸引了大量游客的关注。艺鼎动力在餐饮文创上持续发力，将旅游体验支撑性构成的“吃”元素，逐步打造成能独立吸引游客的“核心”体验要素。同时，对餐饮文创产品的消费还打破了线下场景限制，线上门店的经营大幅扩展了其餐饮文创品牌的影响力。在交通方面，传统的客源地集散模式更多被目的地集散所替代。一是由于包机的进入壁垒较高但经营利润却不断下降，二是服务商将更多的精力放在了目的地的产品研发和展示的核心环节。同时，也从供给侧面证实了基于兴趣的集聚正在逐步超越基于地理位置的客群集聚，成为新的需要被广泛关注的供给逻辑。

四、向内求索

当消费需求不断由表及里的深化，对于旅行服务商来说，其产品的供给应该不断向内求索，把“玩”这件事做到极致，追求单位时间内的体验质感，抓住深度体验的刚性以及利润回报，在疫情的不确定性环境中寻求生存和发展的机遇。

（一）要把“玩”这件事做到极致

求新、求异、会玩始终是旅游爱好者的典型标签。当 Z 世代在需求端和供给侧同时进入市场，旅游目的地新玩法被不断解锁。野奢、房车、骑行、剧本杀、露营、飞钓、帆板瑜伽、风筝冲浪等小众玩法层出不穷。真正的玩家要在食、住、行、游、购、娱各个环节上追求极致的体验、意义内涵和文化赋予。这些专业爱好者既知道怎么玩，又知道如何开发成产品带别人玩，取代了传统意义上的导游和领队，并形成了一个个小型的创业项目和创业团队，为旅行服务业注入新生活力。

摄影旅拍产品、瑜伽静修、亲子研学、深度人文、都市毅行、运动旅行，在体验师的带领下，游客可以解锁更多玩法。好玩不俗、深度认知、舒适节奏，朋友伴游以及体验呈现师带你快准狠地把握城市精华，赴一场富有人文历史、新鲜体验、社交主题的旅行。以往主题游偏向专业圈层，而当前的主题产品开始由专业人员向一般人扩散。以体育旅游为例，“为一项运动，赴一座城”已经成为年轻一代旅游消费的新趋势之一。据中国旅游研究院联合马蜂窝发布的《中国体育旅游消费大数据报告》显示，体育旅游对年轻人具有相当的吸引力。在体育旅游消费人群中，“80 后”“90 后”总体占比超过 7 成，其中“90 后”占比更是高达 40%。马蜂窝的用户调研显示，“运动 + 社交”已成为当下年轻人的潮流，类似于“潮玩运动街区”的一站式社交运动娱乐场所已经成为年轻人正想造访的网红打卡地，在那里不仅可以和朋友一起体验 VR（虚拟现实）、射箭、壁球、复古溜冰、密室、F1 赛车模拟器、气步枪模拟射击、冰壶等运动项目，还可以享受美食、酒水、表演、赛事直播等附加娱乐内容。“周末请上车”是马蜂窝 2021 最新城市潮游 IP，着力于满足年轻人的周末品质需求，打造出彰显酷玩态度的周末活动。每期一个创意主题，并限定人群招募。马蜂窝将邀请各个领域的神秘大咖作为主理人，为活动提供创意服务。每期活动中还将揭晓一个未知大事件，给参与者们耳目一新的旅行感受。

在“玩”到极致这个方面，年轻的经营者和具有专业知识的当地人具有明显的优势。2020 年 6 月新成立的轻车旅行，其主要经营业务是小包团，员工的平均年龄只有 25 岁。对于旅行服务来说，他们是先自己会玩，然后再把玩的专业知识外溢到客户群体中。只有深谙其道的服务者，才能提供最贴近游客诉求的满意产品。为了更好地将“玩”做到极致，旅游经营者必须拥有与众不同的玩法。这不仅是在新潮和老旧之间，对观光和打卡的浅旅游体验形态的宏观否认，还需立足于同类追求好玩企业之间的差异性比较。不断创新基于企业资源和特色的个性化玩法，是年轻玩家们不断努力的方向。为了让各种体现极致玩法的旅拍、艺术体验、野奢下午茶、徒步、非遗、马帮马术、Glamping 露营项目更加名副其实，大量的当地人或者是特定领域的专家或学者被引入向导队伍，利用当地人的地方情感和地方知识，专业人士深厚的学识积淀，更好地服务于远道而来的客人。与各种深度玩法相应的目的地私导小团的产品形式，尽管还存在政策上的暗区，却一定程度上反映了需求和供给的协商与调整，彰示着未来行业发展的新思路和方向。

在满足游客“玩到极致”的诉求中，文化和旅游的融合起到了很好的促进作用。持续追求游玩体验深度的游客，不仅要求解锁更多的玩法，还要求体验更具深度的内容。而各旅游目的地在千百年的人类活动中所积淀形成的丰富的文化资源，成为提升游玩体验深度的利器。比如，在现今旅游市场上深受欢迎的经典线路“河西走廊”，对于这样一条具有深度文化属性的线路，单纯的观光无法抓住线路精髓，更无法用自己的真实价值打动消费者。而当经营者基于自己的文化理解，设计诸如嘉峪关的通关文牒、敦煌的茶话会等基于文化内容的体验环节，通过文化场景营造和差异化体验加深游客的体验深度的时候，游客的体验感知就逐渐从平面变得立体，一座看似孤零零的嘉峪关，也在产品设计的精心安排中变得鲜活与生动，用饱经沧桑的形貌向人们诉说曾经发生的故事，文旅的深度融合，让爱玩、会玩的现代游客获得更多的满足，从而增加用户的黏性。

在“玩到极致”的产业实践中，更多目的地政府和当地旅游服务企业，开始利用自己的区位优势和知识优势，不断产生真正的、真实的、时效性的目的地内容，并通过有趣的、深入的产品内容，积累真正属于自己的客户，而不是从其他平台或渠道转介来的客户。通过内容的不断深耕，提供给市场“玩到极致”的旅游体验，目的地企业试图建立起蓄水养鱼、鱼水共生的行业生态，而不是仅为网络平台或者是其他企业作嫁衣。换句话说，目的地企业通过对“玩到极致”需求的把握，在产品内容端不断发力，获取短期经营利润的同时，也收获到企业运营中最核心的客户资源。供给和需求的双向奔赴让旅游行业的产品内容更加深入，而走向金字塔顶端的内容型产品，其体验质感以及消费刚性和销售利润有了明显改观。

（二）高频短时的旅游消费中，单位时间内的体验质感至关重要

当疫情将旅游需求从出境市场拉回国内，并间歇性地将跨省旅游压缩到省内周边，游客的出行规律开始从低频长时向高频短时转变。旅游的服务交互开始从长线转到短线，单位时间内的游客体验质感变得至关重要。微度假兴起，周边游火热。传统意义上高利润的出境市场被无奈暂放，而原来因为利润低薄、层次低端，不被重视的周边游、乡村游等产品逆袭为疫情期间的旅游舞台主角。以主角身份再次出场的周边游、乡村游等传统上缺乏技术含量的短时度假产品，在更多资源加持和更高端需求的驱动下，既被动又主动地经历着产品的迭代升级。提高单位时间内的体验质感，成为周边游和乡村短时度假游能否出圈的关键要素。

周边游一般是以本地为中心，开展 3 天以内的休闲度假活动。虽然度假时间短，但是玩法多样，深受年轻人喜欢。对于这届“80 后”“90 后”的年轻人来说，追求个性的特质决定了“到此一游”时代的日渐远去。基于兴趣的深度体验、沉浸式玩法才是他们对一次完美度假的最大诉求。对于周边游来说，决策时间短，易抵达、高频词是其特性，也是基于这样的特性，微度假成为后疫情时代都市新青年的日常。探索身边的未知美景，在周边的“老地方”打开“新世界”的大门，年轻人用好奇的目光和探索的脚步不断打开国内各地周边游的盲盒，为市场解锁更多的玩法。体验至上的内核决定了“微度假”的“玩法驱动”特性。露营、体育、滑雪、徒步、民宿 +，诸如此类产品项目的火热，玩法都是关键。

需求的碎片使旅游活动从体验一条完整的路线，层层微分为随时随地可展开的碎片式休闲。持续时间在 1~2 小时，集主题、社交、审美、文化于一身的新型产品的吸引力已经为市场所验证，其主客共享的特征决定了这些产品既可以满足外地游客到访后的碎片化需求，也能够成为当地人的日常休闲选择。诸如 Bikego 的 Club（俱乐部）模式，抓住日游产品的碎片化需求，将原来大多数企业不屑做的低利润板块进行需求深挖，并提供完善细致的服务来满足他们的需求。中旅旅行和上海春秋主导的城市微游产品，也是抓住碎片化需求下的旅游休闲体验的痛点，找准市场人群，并为其提供深入细致的服务。

游客对单位时间内体验质感的提高，更全面地考验企业产品内容的竞争力和服务提供方式的有效性。为了提升游客在单位时间内的体验质感，上海春秋在城市微游产品，建筑可阅读的导游讲解板块下大力气，全部采用在编专业导游，并全面介入到产品设计环节，再通过后期的业务培训、全方位地讲解考核。春秋用过硬的导游讲解质量助力于产品品质提升，游客可以在 2~4 小时的城市微游中获得有深度的旅游体验。同样的还有“博物馆大咖说”，3 小时左右的讲解中，游客通过各具风格的大咖讲师的生动讲解，对博物馆内的展品深度以及历史渊源有了更深的体验和认识。在这个过程中，游客收获了更有深度的专业知识，而且强化了对服务商专业形象的认知，企业借此获取更有黏性的客户群体。

（三）旅游诉求的深度与消费刚性和利润厚度显著正相关

当旅游的人群日益按兴趣圈层划分，旅游的诉求逐渐往深处蔓延，虽然为旅游服务商的产品设计和创新创意提出了更高的要求，但也显示出企业最乐见的消费刚性。换言之，注加了企业智慧和创意的深度体验性产品，为企业提供了一群忠实粉丝。满意度、推荐度以及回购率与以往销售同质化产品不可同日而语。即便是在疫情的巨大影响之下，许多以内容为王的旅游企业依然见证了市场的消费刚性。再加之企业的内容营销和私域流量运营，粉丝数量成为衡量新形势下旅游企业发展潜力的重要指标。企业实现更精准有效的客户群体管理，为他们提供深度体验的同时，也享受着彼此信任带来的消费刚性红利。尤其是在中高端的产品消费中，高质高价的旅游产品，迎合着因疫情而在空间上不断内化的高端旅游需求。当产品层次和顾客层次实现匹配，消费刚性和用户黏性就成为必然产物。疫情期间带来的消费疲软在主题类市场和小众产品上似乎消失不见。一旦防控的刚性政策允许，小众市场的旅游需求反弹迅速。以游侠客的摄影主题旅游为例，在其组织的专业摄影团队中，有相当一部分中老年人，他们的旅游热情高涨，一旦疫情防控措施允许，其出行便会迅速排上日程。当以兴趣为主要集聚动机的主题游、以社交为主要特征的小团游成为企业的主要产品，企业与消费者的连接除了商业关系之外，进一步发展基于产品质量的信任关系和基于专业认可的情感关系，消费的刚性便可能进一步增强。

产品开发越深入，旅游创意越突出，文化要素越丰富，其附加值越高，产品的盈利空间就越大，企业的回报便越为深厚。随着游客个性和品质需求的增长，度假型酒店、民宿引领市场复苏，高端酒店的恢复在疫情期间起到了“排头兵”的作用。暑期以来，携程国内高星酒店间夜量已经实现两位数的同比正增长。携程直播为亚太地区高星酒店带货200万间，预售产品均价1200元以上。从携程自由行产品 11 月订单来看，选择五星级酒店住宿的比例达到了 76%，人均住宿消费出现上升趋势。而为疫情期间的旅游产业恢复贡献突出的私家团和小包团，不仅数量增长迅速，其人均消费也远远高于传统的大团出游。定制游呈现出更大的利润空间。国内高端定制呈现爆发增长，跨省游恢复以来同比去年增长125%，人均花费超过6000元。国庆高端定制需求同比增长300%①。

消费刚性与利润厚度进一步激发着企业创新产品的积极性和创造性。这里，一些船小好掉头的小而美公司，在提供深度旅游产品上形成了许多基于运营领域和市场需求的逻辑体系。他们通过人才的年轻化、管理模式的变革、内容营销等新型营销模式的采用以及专注在细分市场上的需求深挖，享受着创新和创意带来的市场回报。同时，树立起行业操作的另一种模式，并用实际行动证明高质高价和持久盈利之间的正向关系。好的产品卖好的价格，这个简单的但却在旅游市场中因为各种扰乱市场定价机制的不规范行为所影响的市场逻辑，逐渐在追求产品内容创新，一切以需求为王的市场供给中被再次确认。通过这些努力，旅游市场再次强化了为服务付费以及质价相符的消费意识，从而可以在一定程度上破解长期以来旅行行业的低利润魔咒。

（四）领头羊示范与行业共进

毫无疑问，当市场需求由表及里发展，行业供给向内求索之时，仅靠几家行业的实践撑不起整个旅行服务变革的大旗。行业普遍认可并发挥集体智慧才能持续推进行业的深度调整。在消费者追求内容和形式创新的潮流下，如同冲浪者无法以一种姿态永立潮头，任何企业幻想以一成不变的模式和产品稳居行业C位都是不切实际的。如今，行业的龙头OTA们正面临着被美团、小红书、抖音、快手、B站等为人熟知的和那些层出不穷、不为人熟知的新平台和新App的分流与竞争。小红书、抖音等成为年轻人获取旅游信息的新渠道，为非标品的旅游需求打开进展的通道。在这个变革的时代，在疫情引发的需求结构调整和供给层面洗牌之下，走在行业前列的企业，不论是大型的传统老牌旅行社，还是OTA平台企业，又或者是专注于细分市场领域的小而美的旅游公司，他们用具体的产品和亲身的实践引导着行业不断深入的探索，并且，用他们所积累的智慧，通过SaaS（通过网络提供软件服务）等方式，外溢到整个行业，用一个个具体的产品创意和一条条真实可感的产品线路，用积跬步至千里的精神，提高着整个行业的运营能力。当各种主题游、小团游等非标旅游产品被市场逐步认可之时，携程、马蜂窝等OTA平台的标品分发优势难以助力新形式，而抖音、小红书等内容营销平台成为各商家着力主攻的新营销方向。

然而，基于内容和个性化的营销怎么做，如何以企业为支点，做好专门的

① 国内旅游复兴大数据报告：传统旅游模式消减，主题旅游时代来临！腾讯新闻（qq.com）。

内容设计和展示，如何发动游客的力量，在自媒体平台上为企业背书，又如何运营私域流量、营造社群，找到那群属于自己的忠实粉丝，是摆在多数企业面前的难题。不少企业及其年轻经营者们，利用自己的专业优势或从业经验，在旅游的内容运作和社会化营销上如鱼得水，为其他企业树立了发展的样本。以摄影起家的游侠客，以科技赋能旅游业为使命的路书云，以做好研学为己任的学知苑国际教育公司，他们不仅在自己的一方舞台上深钻技术，还利用课程讲座、与院校合作等方式，为其他企业进行知识外溢，为整个行业培养后续人才。他们利用在线平台的授课和讲学积极向外进行知识扩散。艺鼎动力的业务方向之一是与各高等院校合作，利用自己在旅游电子商务方面的技术优势，设计电子商务课程包，介入旅游教育的培养，为行业储备更多有市场意识和操作能力的人才。对于这些走在前列的企业，他们为行业专注的培养一种创意的能力，在市场需求不断深化，游客对旅游产品的内容和展示形式更加多元化的时代里，用自己的力量，并通过自己的力量影响整个行业，为旅游行业摆脱低价低质、同质化竞争的怪圈做出努力。而当这些星星之火从各方会聚，燎原之势才能实现。

第二章

向内而生的市场主体

Chapter 2

Endogenous power

一、个体力量

在个体崛起的时代，重视个体的力量，充分激活个体，成为企业或组织面临的崭新课题。疫情防控常态化下的中国旅游业正处在不断停摆的艰难恢复期，旅游企业面临着前所未有的危机，不仅经历着收入的断崖式下跌，还面临着无可奈何的人才流失。相对于招聘新员工、培养新员工的增量模式，更大程度地激活那些业务熟练、能力多元的存量员工，成了如今企业激励制度的重要内容。

（一）旅行服务商背后的逻辑：个体的力量

旅行服务业是以提供产品和服务为核心、以优异的服务质量为生命线的行业，其本质是“服务”。因此，在其持续发展的背后，“个体”是不可缺少的因素，高品质服务的背后是一个个从业个体力量的凝聚。员工的积极性和创造性直接关系到服务质量的高低，也直接影响着游客的体验感和满意度。

唤醒个体才能成就旅企的未来。随着疫情得到有效控制，旅游市场得到逐步回暖，我们清晰地看到人们受抑制的旅游需求正在以“补偿式”的方式得到释放，传统的出游方式也变得更加多元化、个性化和碎片化，短途游、定制游、智慧游等成为疫情常态化下旅游市场的新需求。这些快速增长的需求背后是强大的供给能力的支撑。也就是说，旅行服务商在疫情之下的快速转型以及长远发展离不开从业人员数量的可持续供给和人员素质的持续性提升。未来旅游企业间的竞争是员工素质、学习能力、创新能力、自驱力和激情的全方位竞争。疫情之下，很多旅行服务商歇业抱怨，寄希望于外力纾困；而有的则一边向外敏锐感知需求，一边向内主动审视自己，唤醒员工，在逆境中突围。外部环境变化越快、不确定性越强，“人”的因素就越凸显，重视个体力量已经成为旅游企业创造未来的根本。

个体与旅企共生才能创造价值。我们经常能看到旅游业普遍存在着一些乱象，如导游强制购物、不合理低价游、欺骗消费者、服务意识差、服务态度冷淡等，这些问题都大大降低了游客的旅行体验。面对这些情况，一方面，游客抱怨旅游从业人员的素质低下，另一方面，旅游企业的管理者也对自己员工越来越不敬业而感到无可奈何。事实上，对于这些旅游从业人员来说，尤其在疫情常态化旅游业艰难复苏的背景下，如果不能让他们看到自己工作的意义，那么对于他们来说，工作就只是一份工作，一份纯粹的经济来源，但这并不代表着他们对旅游企业目标的认同。而旅行服务商需要的是找到愿意为“共同目标”加入并真心实意将工作“做得好”的员工。从根本上来说，旅行服务商寻得新机并创造未来的方法就在于激活个体，一旦个体力量被激发，便会产生由内向外的活力传导，不仅这些在旅游业普遍存在的乱象会迎刃而解，还能为旅游企业带来根本性的变化。企业不能忽视个体的存在，不能随意增加个体的挑战和压力，为了让个体与企业的目标相一致，就必须要构建个体与企业共生的关系，实现共生的目标取向。唯有如此，才能聚合强大的个体力量，产生相互促进、共同发展的动能。

千禧世代不为跳槽道歉。千禧世代（Millennials）：Y 一代，是指 1984—2000 年出生的一个群体。他们追求不同的东西，被不同的动机所驱使，拥有不同的价值观。毫无疑问，中国大多数旅游企业的员工是名副其实的千禧世代。千禧世代如一般人所说，工作是一个换过一个，不好管理，追求弹性的工作时间、想要接触多样工作内容的工作者越来越多。与此同时，几乎所有企业都感觉到员工的工作投入度不高，部分员工刻意与工作疏离，成为最不投入工作的世代。如何引导千禧世代与旅游企业共生发展，成为每个管理者必须要面对并且有效解决的重要课题。

我们看到的情况往往是员工对于工作的思维还停留在马斯洛需求层次理论的第一层，也就是说，如果老板给的钱足够多，员工就会努力工作，那么企业还怕发展不好吗？如今时代变迁，即使需求结构中的第一层次的生理需求被满足，很多员工仍然失去了工作的激情和动力。其实，对员工的激活不仅是旅游企业的需求，更是员工对自己的需求。如今旅行服务业正吸引着一大批的“90 后”“00 后”等千禧世代个体的加入，他们对于职业发展的诉求，对于自我价值的实现，以及沟通和获取信息的方式更加个性化，潜能的开发、上升的空间、组织的价值观、工作是否开心、个性是否得到尊重都是薪酬以外重要的择业考量因素。一旦这些诉求无法满足，他们可能不会选择躺平，而是转身离开。而对于旅行服务商来说，更大的挑战还在于员工强大的流动性。由于近年来旅游业的边界越发模糊，很多员工已经不再将工作长期局限于某一个地区或者某一个旅游企业，他们更加愿意尝试新的行业以及新的生活挑战。面对这些情况，如何激发员工的激情和动力，同时又有能力留住员工，提升企业的凝聚力，获得员工对企业的认同，是目前旅游企业共同面临的一个重要挑战。千禧世代是与互联网时代共同成长的一代，作为一个企业，能够留住员工，并且能有效地调动员工工作的积极性，发挥其潜能，就要适应互联网时代员工的思维方式和诉求。从有效的沟通开始，从过去被动式的管理向主动式的服务转变，给员工以良好的工作环境，包括弹性的工作方式、良好的沟通与对话等；同时向员工传递明确的发展目标，并与员工一同制定发展策略；允许员工一定范围内的自主创造，发挥创造能力和创新精神等，依托良好的企业文化和价值观凝聚员工，使之成为与旅游企业共生发展的重要力量。只有不断改变管理方向和管理方法，旅游企业才能留住员工，避免员工的经常性跳槽，使之成为旅游企业可持续发展的中坚力量。

（二）个体潜能释放：从物理聚合到化学反应

旅游行业是一个知识密集型、劳动密集型的行业，如何发挥好个体的潜能，从某种意义上说，决定着旅游企业发展的成败。美国心理学家威廉·詹姆斯说过，“管理的深处是激励”。他认为一个人的能力仅能发挥 20%~30%，如果加以激励，可以发挥到 80%~90%，因此激励机制的创新对于劳动力密集型的旅游企业的发展至关重要。那么企业如何做好自身激励机制的创新呢？一个人的潜能是无限的，而通常我们只运用了 10% 的潜力，尚有 90% 的潜能还未被开发。企业的员工如同分布式“传感器”，只有充分唤醒他们的潜能，才能够向外探知需求变化，向内传输有效信息。只有充分激活他们每一个个体，才能够向内形成活力，向外满足需求。

1. 赋能个体成长

随着千禧世代的成长和就业，越来越多的知识型员工加入旅游企业，他们对于自我有着明确的认知，对于生活有着清晰的追求和目标。过去，很多员工愿意更多地工作而不计较个人的需求，甚至一些员工会认为工作是生活的唯一目的。与此同时，在很多旅游企业中，管理者往往将目光和资源聚焦于组织的整体问题，而忽略了组织中的个体。但是，今天这样的情况已经发生了很大的改变，人们不再把生活和工作混为一谈，更多的是把工作和生活并列为人生的两大目标。尊重员工的个性化和差异化是管理员工的基础。随着新一代年轻成员进入职场，组织成员的个性化日益凸显，他们思想开放、自我意识较强，具有极高的成就导向和自我导向，呈现出注重平等及漠视权威、追求工作与生活的平衡等工作价值观特征。

随着技术的进步和完善，员工个体获取信息的渠道变得越来越宽，整合资源的速度也越来越快，以往需要依赖组织完成的商业行为，现在个体就可以独立完成。在个体能力提升的同时，员工的自我认知也发生着显著的改变，个体价值的创造不再依赖于僵化的组织，而是依赖于自己的知识与能力。因此，企业不仅需要承认并且尊重员工的独立性，而且更加需要采取行动，充分激发个体的创造性，一旦个体力量被激发，便会产生由内向外的活力传导，为企业带来奇妙的化学反应。

旅游作为聚合类服务产品，每一帧服务的背后都是一个个具有能动性和鲜活生命力的从业个体，对这些个体的激活不仅会为游客带来完全不同的服务体验，还可能会激发新的产品形态。

“大家给兵马俑拍照，一定要关掉美颜。秦俑的国字脸，可别拍成瓜子脸了。”这是被称为“秦俑馆里的段子手”的网红导游“冰蛋”张斌，每次不忘提醒大家的话。凭借风趣幽默、通俗易懂的讲解，这个“90 后”年轻人用自己的方式向游客传播着历史、文化，让冰冷的文物“活”了起来，也吸引了网上约 800 万粉丝的关注，同时也成了西安的一张名片。

“普陀山小帅”是另一个名副其实的网红导游，受疫情的影响，很多导游纷纷转行，但小帅始终认为疫情带给旅游业的是困境，但同时也是机遇。在普陀山带了 8 年旅游团的导游代帅瞄准自媒体平台，进驻抖音直播间做起“云导游”，他一路上金句百出，用心解说，从景区景点、人文历史讲到生活琐事、人生哲理，吸引了来自全国各地大量的游客，不少忠实粉丝从线上走到线下，因为他专门来到普陀山，报名跟他的团旅游。如今，小帅还组建了网红导游团队——“普陀心语团队”，团队成员已达 60 人，为游客提供差异化、个性化的服务。

除了冰蛋、小帅，在导游岗位上被充分激活的还有“小黑”和“泰山娟姐”。小黑学建筑机械出身，后来自考大学学习法律，毕业第一份工作是烧窑，也做过武警。他做导游的最大本事是能把听来、学来的理论融合后“自成派系”；网红导游“泰山娟姐”原先从事推销工作，后来因为“爱这座山，所以要为它做点什么”，转而从事起了导游的行业。她既能够系统地整合众多泰山上的冷知识，还能非常接地气地和每个人联系在一起，引起了大家的共鸣。因为她的讲述，越来越多的人喜欢上了泰山文化，正如她在采访中所说，这个对她是很有成就感的，所以累并快乐着。

小黑、冰蛋、小帅、娟姐等诸多网红导游，在后疫情与互联网直播时代叠加的背景下，突破传统，转型自媒体创作，不仅成就了个人 IP，还开始组建网红导游团队，开发更多的产品，为游客提供更好的、专业的服务。导游自由执业既能激发个体的积极性又可以为旅行社减负，虽然他们各有特色，但是都有一个共同点，就是肯拼肯学，不断学习，就是个体的积极性被充分激活的表现，不仅能使自己的价值感得到提升，又可以为旅行社创造价值，同时，还能为游客带来全新的体验。

2. 激活员工的工作热情

激活个体，不是只有一线员工，而是所有员工。旅行服务业是多触点的服务行业，唯有以供给侧的每位员工去连接需求端的个体，才能快速感知需求并向内传导；唯有保障每个服务触点的服务质量，多个触点间的顺畅连接，才能造就一次完整而卓越的旅游体验。

最大限度地尊重员工，让员工学会决策，从而产生幸福感、愉悦感和主人翁意识，是激活员工工作热情的重要途径。

海底捞是游客经常光顾的餐厅，作为中国餐饮界的巨头，它的噱头就是服务。周到至极的服务，为消费者做到了在吃饭过程中需要的一切事情，但是没有一个海底捞员工对此感到自卑。其最根本的原因，是因为在海底捞，哪怕是一个普通的一线员工，都能够感觉到自己是“有权”的，有决策权、有自主权。一线员工可以自己决定赠送顾客一盘菜、一个大西瓜等，以及免单权，而作为店长，审批权是 100 万元。

再如，全球知名酒店连锁品牌——丽思·卡尔顿，在 30 多个国家开设了 85 家酒店，常年在美国酒店业排名中位居第一，原因不是源于其对一线员工进行严密的监督、提出精准的要求，也不是其对流程细节的精益求精，而是每一名一线员工有权力花费 2000 美元来让客户满意或者解决出现的问题，甚至当客户临时需要一些特殊的东西，可以“脱离自己的岗位”去设法获取到，并且酒店鼓励员工“使用公司赋予的权力”。

对员工有效授权是对员工激励机制的重要方面，也是企业组织运作的关键。海底捞和丽思·卡尔顿酒店通过将完成某项工作所必需的决策权移转给部属，给员工以充分信任，不只授予权力，而且赋予了责任。通过建立以信任和责任为基础的激励机制，有效地激发员工内心中被重视、被肯定、被信任的激情，不仅最大限度调动了员工工作积极性，发挥了潜能，而且使员工的责任心增强，主人翁意识回归，为企业的可持续发展奠定了基础。所以，作为以服务为核心的旅游企业，其管理者必须要学会正确授权与有效激励。

3. 从“被动”到“主动”

从“被动”到“主动”是员工工作的一种自觉的心理状态，表现为员工在同一个企业的平台中所表现出的一种行为表现，一个人的工作积极性越高，则工作效率越高。同时也反映出作为企业管理者，通过有效的激励机制和导向作用，对员工产生正面效果，其工作积极性和工作热情成为员工行为的主要因素，其行为的内在动力也就越大，工作积极性也就更高，业绩也就越突出。

“创新思维、科技手段、高尚人品、团队精神”一直是上海春秋国旅的企业文化。在这种文化的引领下，春秋的每一个员工在工作中都带着一份责任感，主动地做好自己的工作。“微旅游”是上海春秋国旅在疫情之下的重要转型产品，为了将产品做出亮点，从管理者到企业员工都在主动思考，使得整个产品的研发和服务呈现都与以往有着完全不同的形式。以往的方式是研发团队将产品设计完以后，直接扔给导游，让导游去带团。而这次春秋专门设立了“产品经理”这个岗位，并提供平台，让导游也能主动加入“微旅游”产品的研发中，与产品经理共同设计产品。不仅如此，在春秋的文化熏陶和扁平化管理下，“微旅游”的导游们每人都会主动阅读几十本关于上海历史文化的书籍，与管理者直接沟通讨论，并将所学知识用于产品研发与导游讲解中。只有当员工对企业的价值观充分认同，才能由被动的“完成工作”到主动的“享受工作”，个人的潜能也才能够被充分激发。

4. 从“我”到“我们”

大众旅游的兴起，加之互联网的技术赋能，使得旅游企业正处在一个变革和极具挑战的时代。与此同时，企业与员工之间的关系也出现了新的变化。过去只有依靠企业才能创造价值的员工，随着对自我认知的改变，更多地将目光聚焦于自身的知识和能力，并期望与企业的关系可以突破雇佣与被雇佣的传统认知，走向基于认同、信任和契约精神的合伙共生机制。

当一个人不再像过去一样在一个岗位上干到退休，当一身多职的斜杠青年越来越多，未来能够聚合起来的个体力量，可能不是物理的连接和制度上的约束，而是来自个体对组织价值观的认同，来自每位员工被充分尊重、被充分激励。疫情之下，Bikego 领趣旅行推出了一个热门的产品——“大咖说”，这是一个瞄准全国所有博物馆的讲解类产品。“大咖说”的讲解员很多人都是自由职业者，或者属于某一个旅行社的导游，甚至都有自己的工作室。他们有一个共同特点，都是历史文物发烧友，他们很想把这些热爱的东西分享给大家。为此，

Bikego 领趣旅行给他们提供了一个全新灵活的组织方式，讲解员可以自己安排要来“大咖说”讲解的时间，自己填写排期表，形成这样一个约定后，组织内部通过算法来派单；此外，Bikego 领趣旅行还为“大咖说”产品做了一个讲解预约的小程序，游客可以通过预约平台，选择自己喜欢的讲解员，这在某种程度上也是对于员工价值的认可。这种灵活的、充分尊重个体、注重个体价值的方式，使得“大咖说”的讲解员对工作始终充满着热情，专业度和服务意识一直保持着高水准，在自我价值实现的同时也达到了和企业的价值共创。

（三）“一起向未来”

“一起向未来”（Together for a Shared Future）是 2022 年北京冬奥会和 2022 年北京冬季残奥会的主题口号。“一起向未来”体现了团结和集体的力量，体现了奥林匹克运动的核心价值观和愿景，以及追求世界统一、和平与进步的目标。这也很好地诠释了个体与组织只要有共同的价值观、共同的愿景，就能朝着共同的目标方向，“一起向未来”。

人类社会的发展变迁，自从有了经济单元，就有了组织，有了个体与团队。个体与团队实际上也就是一个竞争与合作的关系。百年来的现代企业发展史，一直都没有离开个体的竞争与合作这一主线。2000 多年前，古希腊有位哲学家名叫安提西尼，是苏格拉底的学生，也是著名的犬儒学派的创始人。他讲述了一个寓言故事：有一天，丛林里的动物们聚在一起讨论如何在丛林里建立的新秩序。兔子发言：“丛林里的所有动物都应该是平等的，丛林里的事情大家应该一起讨论才能决定。”山羊、小鹿、松鼠等许许多多小动物都非常支持兔子的发言和提议。就在动物们都一致赞同兔子的这个发言的时候，狮子突然大吼一声：“我反对！”并露出了尖牙利爪。动物们见状，纷纷四散逃散，丛林又恢复了它原有的秩序。安提西尼的这个寓言故事，千百年来都被人们不断讲起，并赋予新的内涵。这就是人们称为“丛林法则”的故事。

19 世纪英国杰出的生物学家达尔文在他的巨著《物种起源》里提出了生物进化论思想。达尔文认为，在不同的生物种群中，更能适应环境的种群将保存下来，而不适应环境的种群将被自然淘汰。后来，斯宾塞等学者将进化论运用到人类社会，创立了社会达尔文主义。阐述了“物竞天择、优胜劣汰、适者生存”的理论。人们也把这条进化论法则称为“丛林法则”。

这就是说人类社会竞争无处不在，一个区域、一个组织到一个个的个体，要想在竞争中取得优势，就必然要求参与竞争，提倡竞争。多年来，企业之间、部门之间、个人之间竞争淘汰愈演愈烈，优胜劣汰、适者生存的价值观在个体之间的竞争中，尤其在工作岗位的竞争中不断强化。这种过度竞争不仅造成了人力资源的浪费，而且造成了个体之间的不和谐或互不认同，难以形成合力，不利于企业的可持续发展。现代企业更加强调合作精神，因为合作才能共赢。要在竞争中寻求合作，在竞争中寻找自己的位置，在竞争中寻找一切可以成长的机会。

互联网时代个体的价值和组织的使命正在被重新定义，“丛林法则”正在被“共同价值观”所替代，社会、组织和个体正处在“共同价值观”的时代。很多企业和个体一同打造了共同发展的平台，确立了共同的发展目标和方向，拥有共同的愿景和共同的价值观，并以此发展，共同奋斗，实现自身价值和成就感。

这一时代个体发展的主要特征是因为兴趣成了一个团队，从而成就了一个企业或产业。近年来发展迅速的游侠客旅行网就是因为兴趣使然，又有共同的价值观而集合了一群志同道合的“80 后”“90 后”，从而成就了一个独角兽旅游企业。

创始人郑天明出生在杭州西湖边，从小就对旅游和户外运动有着浓厚的兴趣。他从中学时代就开始穷游，徒步登过黄山和五岳。中学毕业就与同学一起搭车到西安，从西安出发，沿着丝绸之路旅行 20 多天。旅行中邂逅林末末，又是兴趣使然，分享旅游体验和好玩的景点、线路等，共同成立注册了“游侠客旅行网”，进入了旅游行业。围绕摄影等主题游，成为别具一格的旅行服务商，打造了为游客喜爱的旅游产品，在市场竞争中赢得了主动。从打造以摄影为主的摄影主题游，到户外游、亲子游、瑜伽游，到以民宿度假为主的定制游，将游客碎片化、个性化的需求整合在独具特色的产品和服务中，受到了市场和游客的广泛欢迎。

这是一群“80 后”“90 后”乃至“00 后”一起创业的故事，共同的理想、共同的价值观和愿景，使个体的力量得到了充分体现，主人翁意识、个人价值观、成就感的实现等都得到了充分体现，团队保持了良好的稳定性，在公司许多个体的生活中，留下属于游侠客的印记。

Bikego 领趣旅行的创立，与游侠客旅游网有着某种共同的现象。创始人毕胜也是一个“80 后”，也是一个旅行达人，也因为兴趣使然，创立了“Bikego 领趣旅行”。通过“当地人”2~6 人的小团、小车方式，向自由行但是不自驾的游客提供当地玩乐向导服务。主要面向的用户群体是 24~36 岁的大城市的白领人群、中产阶级。Bikego 从云南大理起步，从 2016 年开始，毕胜和他的团队花了一年多时间扎根大理，进行市场调研、产品设计，以及供应链的整合。针对消费者的需求和痛点，组合产品线，并使之规范化、标准化，打造了被业界称之为“互联网众包模式”的新旅游服务模式。

策划和设计这一产品形态和服务模式的同样是一群“80 后”“90 后”等新生代。互联网时代使得个体角色发生了根本性的改变，他们不再依附于某一个平台或企业，物质激励和薪酬待遇不是唯一考虑的因素，共同的理想和价值观成为个体成长的关键。

20 世纪初以来，随着工业化的发展，全球经济进入了工业文明时代，这一时代最突出的标志就是随着工业文明产生了一大批产业工人和职业经理人，并为社会创造了巨大的财富，推动了人类社会的进步。但随着互联网、物联网、大数据等现代信息技术的飞速发展，这一切都在发生根本性的改变。个体与企业的关系已不再是单纯的雇佣关系，个体不会轻易地将自己固化在某一个组织里，期待共同的兴趣爱好、共同价值观和理想，共生共享和非雇佣关系，将成为一种新的常态和趋势，“共同价值观”正在取代“丛林法则”，将重新定义个体价值，“一起向未来”必将成为个体和组织的共同的选择。

二、组织力量

既然个体的力量如此重要，那么谁来唤醒个体？又如何唤醒个体？当每个个体员工被唤醒时，企业就会自然更加优秀吗？答案显然都指向了组织的力量。员工当然存在自驱力，但是企业对员工的激励、激活、赋能更加重要。优秀的导游、优秀的产品经理、优秀的营销团队的总和一定等于优秀的企业吗？显然不是。如何将个体有效组织起来，并释放更大的协同效应，是对企业的考验，对管理能力的考验。优秀员工的总和显然不直接等于优秀的企业，1+1<2 甚至 1+1<1 的情况时常出现。相反，优秀的企业能让平凡的员工不平凡。只有当企业与员工能够相互成就，只有当企业的目标与个人的目标相匹配，员工才会认可，才会愿意付出，才会在企业最艰难的时刻共渡难关，甚至发挥主观能动性寻找新的市场机会。旅游企业在疫情冲击下面临前所未有的艰难，但仍有员工对企业不离不弃，仍有企业在尽可能地保护着员工，共同寻找出路，越是在这样艰难的情况下，越能够看到企业组织建设的成效。

（一）共同的目标

决定企业兴衰的因素很多，当然包括资本、技术这些可观测的硬实力，但是更重要的是员工的意识、状态和愿意朝着共同目标去努力的程度。共同的目标是员工被唤醒、组织有效率的重要前提。相较于常态情境，目标共有在危机情境下的重要性更加明显。个人是否相信企业、是否宁愿降薪仍然与企业一同坚守，企业是否会给员工希望，并与员工一起积极寻找出路？危机是一场真正的团建，效果可能当下立见，也可能在疫后显现。

企业作为将多个个体组织在一起的整体，其作为整体的目标显然不同于每个人的目标，也不是所有人的目标总和。虽然理想情况是所有企业员工、所有部门都会朝着同一个方向努力，但是这些并不会自然而然地发生。过去，我们经常会听到企业或经理人的职责就是为股东负责，而事实上如果企业存在的意义只是为了少数几个人的利益和幸福，很难让员工从心底里认同，也很难从内心驱动员工的积极性。随着社会向前发展，财富的积累日益增多，一代又一代的年轻人出生在物质更加丰裕的时代和家庭中，他们对于精神和文化层面的要求会越来越高，单纯物质上的激励效果可能会越来越显现出局限性。或者说，当他们一旦实现了物质上的追求，就会转而追求精神上的满足感，而一旦所在的企业无法提供这些，便可能会失去这些员工。因此，未来企业的存在可能会是一群价值观相似的人，为了一个共同的目标，为了一件共同感兴趣的事，而决定在一起共同奋斗。如今，我们能观察到很多这种类型的创业型企业，最初只是一群人因为共同的爱好玩到了一起，在共同的游玩经历中找到共同的目标，便决定去做一个企业，带着更多感兴趣的人一起玩。这种企业从一开始就有着比较明确的共同的目标，因此在执行和开展业务的过程中，是比较容易统一行动的。

对于大的企业或集团而言，如何能够使企业的目标和员工的目标相结合，是一件更加困难的事情，因为在这样庞大的集体中，个体的目标往往是容易被忽略的，但是个体是否能够得到激励及其带来的结果与公司规模并没有多大关系，因此组织目标的设立仍然要考虑到个体的因素，只不过以不同的体现方式而已。从上到下的战略分解重点不是总的目标和 KPI（绩效考核）的逐层级、逐部门、逐人的分解，更重要的是总体的目标的形成过程是一种自上而下的分解，还是自下而上再自上而下的沟通过程。在一个产品开发和目标的设定的过程中，应该是来自各部门的员工共同讨论的结果，应该是企业对总体宏观市场的把握、一线导游和领队对客户和市场的判断和感知、财务部门对成本的管控等共同研商的结果，而不是高层一拍脑袋的结果。

当然组织中的目标体系也是分层级的，大的目标必然要分解为小的目标，并且每个层级每个部门都会有目标，并且要在各自的内部形成共识。企业总的目标形成后，就需要各分目标与其达成一致，事实上仍然离不开每个部门的参与。员工能够参与到目标形成的过程是非常重要的，有了参与感才更能够在目标上达成共识。从上层领导者来看，更能够明确总目标与分目标间的关系；在下层员工来看，更能够清楚自己做的每件事，如何能够推动总体目标的实现。当企业将新的一年游客接待量和营业收入设定在一个值域范围内时，就会需要将其分配到不同部门和不同产品线上，而这个目标的制定一定是基于对每条产品线的客流、成本、服务、满意度的准确掌握之上。事实上，在部门的目标设定上更需要与员工的个体目标相兼容，因为企业总体目标往往比较宏观，离个体实际情况较远，但是部门目标却与个体员工息息相关。如何能够在共同目标的设定下，实现企业和员工的同频成长与共同发展，远非经济目标的设定能够实现的，需要部门管理者的智慧。

（二）内部的畅通沟通

共有的目标下仍然需要执行过程中的持续沟通，体现在各个层级各个部门。首先，在战略执行与实施过程中，最初设定的目标也是需要视情况而调整的，难免会受到各种不可抗力或突发事件的干扰，因此在动态调整过程中就需要上下级间、跨部门间保持通畅的沟通，这是一个相互的过程。如果这种沟通不顺畅，就可能无法及时发现目标的不可完成性或是否偏航，而一旦目标做出调整就必须在全体中获得多数理解与认可，才能够保证企业作为整体能够健康地前行。在突发的新冠肺炎疫情下，大多数企业的原定目标都无法完成，甚至对很多出入境业务为主的企业而言，业务几乎完全停滞。那么在这样的情况下，企业如何应对，是选择关门歇业，待疫后再战，还是在疫情下选择从国际转向国内业务，开拓新的市场，还是突破原有的业务范围，到市场上寻找新的机会？不同的企业都有不同的选择，这不是一个单靠经济指标能够衡量的决策，在这样极端的情况下，疫情之下的选择更体现着企业对未来的判断和战略及方向的调整。在旅行服务领域，疫情之下可以观察到做出各种各样决策的企业，非常值得研究。

从 2020 年和 2021 年中国旅游研究院发布的“中国旅游集团（化）发展创

新案例”研究成果中可以看到，中国旅游业发展的头部集团企业在疫情之下，也在艰难之中尝试着各种各样的创新。以凯撒旅业为例，疫情前其旅游板块的业务主要以出境为主，疫情之下几乎完全停滞。但是在这样的情况下，集团仍然积极转型布局，紧紧抓住“国内大循环”“十四五规划”“海南自贸港发展”的黄金机遇期和重要窗口期，搭建新零售、食品、目的地、旅游“四轮驱动”式发展格局。旅游与食品作为凯撒旅业的“基本盘”，着力夯实；变革而出的新零售及目的地板块，将成为“双引擎”，引领凯撒旅业走向新增长极。旅游板块深入国内游及本地休闲文化生活体验市场，凭借多年资源掌控、销售渠道、产品研发等经验迅速布局；在食品板块，着力发展创新业务，将航空品质的安全餐饮从空中延伸到地面，构建“海陆空”立体式餐饮布局，并向社会化团餐、学生餐、老人餐等领域转型创新；在新零售板块入主植物蛋白饮品市场，积极拓展新消费市场；在全新孵化的目的地板块专注为旅游目的地赋能，推进构建“IP 生态平台”+“多业态矩阵”+“文旅基地”三位一体的商业模式。

上海春秋国际旅行社（集团）有限公司在疫情之中加快了对城市微旅游产品的研发与推广，更在业务层面受限的情况下，加快了企业的数字化转型。春秋旅游自主开发的质监管理服务平台获得了国家计算机软件著作权登记证书。我们的质监平台以游客为核心，集数据收集、管理、分析于一身，与多个相关平台打通，实现数据共享，使得质监管理更加及时、有效助推了业务高质量发展。陕西旅游集团有限公司自 2019 年开始在 5 家酒店企业试点以超额利润分享为主的中长期激励机制改革。一是坚持增量激励；二是聚焦核心人才；三是确保激励约束对等。改革当年，五家酒店企业盈利水平大幅提升，共实现超额利润约 460 万元。2020 年，集团在下属旅游服务、旅游科技、旅游综合体板块共 28 户子企业开展超额利润分享。2021 年，继续新增 10 户企业。此外，集团稳妥开展混合所有制企业员工持股。陕旅汽车公司连续多年亏损，生产经营困难，通过混改同步引入员工持股平台（持股 28.6%），2018—2019 年分别实现利润 1006 万元、1134 万元，同比分别增长 142%、12.71%。2020 年受疫情影响，仍实现利润 612.66 万元，改革成效明显。一系列中长期激励机制的落地实施，极大增强了员工的主人翁意识，企业经营活力竞相迸发，高质量发展动能不断增强。

当员工被激活，有了贡献的意愿，企业仍需进一步为其赋能，才能够进一步支撑员工成长，使其释放更大力量。信息的畅通流动是尊重员工、激活员工的重要保障，“身在其中却蒙在鼓里”会让人感到沮丧，也无法找到努力的方向。企业的信息化与数字化建设为信息的流动和基于数据的服务与决策提供了有力工具。哪些产品是当季的销量明星？哪些目的地的搜索热度在悄然攀升？产品部门想去研发一条新路线或新玩法时，目的地运营的同时是否能够提供更深度的信息和快速的资源对接，或是直接共享至私域社群中，以开放的方式与客户共创产品？在旅行团出发前，企业的数据分析部门能否将该团中复购顾客的记录、标签信息及时提取并共享给导游领队？这些都需要以组织的力量来实现，以组织赋能个体。在信息打通、辅助决策、跨部门协调方面都有赖于组织的力量。

以春秋旅游为例，其内部建立的“业财”系统一体化。以“系统定位分工＋数据互通”的方式，打造业务与财务数据统一整合管理的平台，实现交易与业务工作达成，财务中台在交易数据基础上进行对账、开票、资金、收入成本递延摊销等增值处理，并按需向业务中台反馈等，实现业务、财务“两大”中台数据互通。在数字化赋能决策管理和日常运营方面，通过以下几方面建设逐步完善：（1）产品看板数字化。线路经理、区域组长、部门经理可查看所属权限下产品的相关数据。（2）管理数字化。创建了驾驶舱平台，管理者每日可查看前一天的经营快报，可进行数据挖掘，了解各公司、部门及各目的地的收益排名、各销售渠道的收益占比以及质量监管流程进度等。（3）渠道数字化。针对不同渠道和机构客户等级灵活定价，如同业、门店、OTA 等，也包括自主渠道，如 PC 版航旅官网，春秋旅游 App、小程序、公众号等多个直销平台。（4）支付数字化。支持银行卡、支付宝、微信、信用付、春秋商旅通卡等电子支付方式，2021 年更是推出了数字人民币支付在航空、旅游多场景应用，后台通过银企直联实现支付流水与业务订单自动匹配，提高了工作效率。

（三）从雇佣到合作：更开放的人才观

技术的进步推动了组织形态的变化，使人和组织的关系再次成为焦点。在个体价值崛起的时代，我们必须要承认个体的价值，并且重新思考个体与组织的关系。个体与组织的关系可以从两个方面来思考，一方面是当个体处于组织边界内部的关系，另一方面是个体处于组织边界外部的关系。在人才流动加速、年轻人偏好灵活就业的趋势下，企业需要思考的是如何与优秀人才以各种可能的方式共同生长，而不仅仅是雇佣与被雇佣的关系。即使在企业内部，我们可能仍需要摒弃传统的雇佣思维，认为在法律意义上签署了劳动合同，便成了纯粹意义上的雇主和雇员的关系。在法律层面上来讲，当然是的，但是在个体价值崛起的时代，即使在企业边界内部，管理者到底秉承着何种思维来看待员工，仍然是很重要的价值观问题。从经典的组织理论来看，个体与组织的关系仍然在强调合作，看重的是组织分工所带来的人与人、事与事之间合作的关系，是一种人和企业、个体和组织共生的关系。从这一点出发，在企业边界之内，企业与员工的关系也需要突破雇佣与被雇佣关系，走向基于契约、公平、共生、互利、共赢的合作关系。从当前非常流行的合伙人机制即可看出，在这样的组织机制下，个体的积极性会被更好地激发，以实现员工从被动工作到主动工作的转变。

当员工的个体价值得以凸显，个人品牌得以建立，就会面临与组织关系重构的问题。越来越多的网红、主播、导游以个体的形式出现在公众面前，其影响力甚至超越整个企业。众多旅游企业都开始尝试新媒体营销，越来越多的企业构建了内容创作与运营平台、直播团队等。可是企业培养的主播在粉丝达到一定数量时就会选择自立门户，销售做了几年就会带走手上的客户，这种情况让企业如何应对呢？个体的快速成长和离开的可能性会成为企业的隐忧吗？显然，这样的情况普遍存在，也无可厚非。但是这些问题不会因为担忧而消失，更不能成为企业不去赋能员工的理由。当面临这样的问题，企业需要思考如何通过积极的机制设计，一方面在内部避免这种情况的发生，一方面如果真的发生了，能够与这些优秀的个体再次探索新型共同成长的方式。对于前者，就会回到前面讨论的问题，如何能够激发员工、留住员工，这就需要给予其更大的发挥空间，给予更加平等的身份。或者能够在后端资源与前端业务人员之间构建一道防火墙，尽可能降低员工离职对企业带来的冲击和损害。当员工不可避免地选择离开，个体与组织之间就会进入另外一种关系。过去可能离职后的员工与企业的关联就变为了零，但其实我们仍然可以思考，在企业边界之外与离职员工构建新型合作关系，而不是单纯地流失掉这些宝贵的员工。

面对离职或想要离开的员工，企业需要思考是否能够构建一个开放的平台，以另外一种方式留住他们，比如，孵化器模式。如海尔在"人单合一"的经营理念下的内部孵化，出现了雷神这样的品牌和产品；携程曾推行小老虎计划，也是鼓励员工内部创业创新的一种方式，如今对内部团队的孵化已成为很多平台型企业或头部集团企业常用的模式。虽然实践中有成功有失败，但不可否认这是一种很好的激发员工积极性的途径，也能够使得内部具有成长性的团队得以脱颖而出，在企业更多的资源投入下，在企业的背书支持下，这些团队能够在一个更广阔的平台上成长，进而可能成为新型市场主体。这类孵化出的新型主体与它的母体企业之间会出现更多更灵活的合作模式，如持股的方式。当企业慢慢打开自己的边界，那么离开的员工也可能会以另外的形式与企业形成合作共生的关系。当企业成为赋能每个个体成长的平台，就可能会突破封闭的人力资源边界，吸引更多志同道合的顾客加入。很多旅游企业的创立和新产品的出现，最初都是因为一群人玩到了一起，在合适的契机下孕育了新的企业或产品。在这个意义上，企业内外的界限已经模糊，人力资本的边界已然消失，只需考虑能不能吸引到最优秀的人，能不能与他们共生。

三、思想力量

人类加速进入数字文明时期，科学技术无时无刻、无所不在地推动着生产生活方式的深刻变革。北斗导航、“天眼”深空探测、蛟龙深海探测、可回收火箭、星链、物联网、边缘计算、人形机器人、脑机接口……科技进步从来没有像今天这样令人眼花缭乱，也从来没有像今天这样离我们的生活如此之近。由于每个人信息获取的能力越来越强，支持个人发展的平台和技术越来越多，使得每个人都能成为超级个体。万物互联之下，当无数超级个体的独立行动在无序增长中达到规模化的拐点，必然形成网络化向度的新集群，产生新的智慧和新的生命表现形式。数字文明会引发社会结构变迁，彻底改变人与一切的关系，走向生命体、生物体、有机体、智慧体共生的一体，必然挑战现有的旅游消费理论和市场主体的组织模式。

只做一份工作、在固定的时间和空间里工作，越来越不为年轻人所接受。从过去在一个单位工作直至退休，到一生中换几份工作，再到斜杠青年们可以同时做几份工作，职业归属、工作时间、工作方式开始被重新定义。一位旅游从业者，可能旺季在做导游，其他时间在做直播、在运营抖音账号、在代理微商品牌、在运营社群或者做国际代购。国际市场调查公司尼尔森的数据显示：我国“90后”人口达2.1亿，他们更具有开放的全球性思维，他们是“个人一代”，更加关注自我的想法，而不关注他人或社会规范；他们也是多面手，66%的“90后”认为自己是“斜杠青年”，同时拥有多个职业。律师、独立撰稿人、独立设计师、旅行定制师、旅行达人、自由文案、网红、up主（在网站上传视频音频文件的人）、微商、KOL，这些在二十年前还不可想象的职业已经来到我们身边。个人创业与创新的平台让单位日渐褪去原有的光环，能够拥有多种技能、多种就业途径的人变得越来越多。看似不确定性增强的就业模式，为年轻一代的职场人士带来了更强的作息柔性，个人流动性的增强和整体就业上的稳定，在全社会形成了更耐冲击力、更具复原力的就业结构，进而改变原有旅游时间安排和消费行为。

灵活就业重新定义了可自由支配时间，经济组织方式已经发生了根本性的变化，固定时间、固定场所的传统工作方式将被松散的、合作式的方式所取代。工作是灵活的，时间也是灵活的，旅游者被赋予了更多自由选择的权利。在知识经济时代，人只有在自主意识和自我驱动的状态下才能拥有最大的创造力。从普遍和总体的意义上讲，工作和劳动不应当是生活的全部，让每个人沿着每个可能的方向自由地探索，才是我们想要的生活。年轻一代明显在这个方向上越走越远，创造力的释放在工作与休闲的平衡中更容易实现。一旦价值取向和生活方式发生了变化，与旅游消费的一切话题都具有再讨论的必要与可能。

1995 后出生的 Z 世代群体，相对于 20 世纪 80 年代的互联网原住民，已经步入了数智化生存的新时代。年轻一代的旅游消费模式开始“去中心化”，不再遵循“权威—服从”的决策模式——无论权威来自专门旅游机构、广告媒体，还是领导和家长的指导意见——而是借助数字技术更加任性地表达自己的消费意见，“我的行程我做主”。从 Bilibili 这样从小众群体走向主流视野的平台，到《说唱新世代》、彩虹室内合唱团的创作曲目，都在通过互联网平台走入寻常百姓家，并从价值取向和消费偏好等内在机制上影响人们对目的地的选择。

以 Z 世代为代表的年轻群体，更喜欢以人的连接，实现物的分享。当 Facebook、Ins、Youtube、Clubhouse、Tiktok 等以 UGC/PGC 共生共创型平台成为风靡全球的新一代社交和电商平台，作为个体的人的价值得到前所未有的凸显，个体的潜能得到前所未有地开发与释放。客户不再只是服务的对象，他们也可以成为生产力。在技术赋能和平台支持下，每个人能够连接的资源与客户都被指数级放大，每个人都可能成为千万级粉丝的创作者和 up 主。这不再是专属于某个阶层、某类机构、某些群体的特权，而是每个生而不同的个体，在平权的互联网中最自由的表达。每个人都可能创造独特的个人品牌，影响着更多人的旅游消费选择，也同时被更多人所影响。当社交、连接、信息、空间、产品被打通，技术已经让“人 · 货 · 场 · 支付”甚至部分产品瞬时交付的一体化实现成为现实，推动着旅游消费数字化转型进入更高级的发展阶段。

复杂系统天然与新秩序和新结构相关联，在更加复杂的数字文明取代工业文明的转型界面，原有的旅游发展理论、消费规律和先验假设可能不再成立。相较于原来的系统和发展阶段，这是一种我们无法理解，也不愿意面对的失控状态。正如柏拉图以来的科学哲学所奉行的基于模型的实在论——存在一个真实的外部世界，其性质是确定的，并与感知它们的观察者无关——一旦因为量子理论的出现而无法自洽，该是一件多么令人沮丧的事情。但是从数百上千年的时间尺度来看，这种失控反而获得了下一个阶段的具有稳定性和可控性的文明。

市场是自发扩展的人类合作秩序，而不是根据什么先验存在而人为设计出来的制度。旅游消费实践及其伦理演化也同样如此，科技进步和数字化生活方式一定会把完全不同于过去的消费形态带到我们的面前。基于5G、量子通信、物联网、人工智能、增强现实的虚拟旅游，已经在这次疫情期间进入经由Z世代年轻群体的消费尝试，而进入概念培育到市场导入的新阶段。未来的日子里，这个全新的概念可能会像"景观之上是生活""主客共享""去旅行社化、去旅游景区化、去星级酒店化"一样，成为学术界争论不休的话题，并受到传统旅游业者的质疑和反对。那又怎么样呢？科技对旅游消费理论的改变，进而对产业实践的影响，从来都不是以人的意志为转移的，就像工业文明对传统旅行方式的改变那样。

数字化时代的旅游必将打破现有的秩序，也将建构全新的格局，无论如何，旅游的未来已经到来。当个体不再囿于单个企业的封闭边界之内，当人们开始探讨未来企业的形式，甚至思考未来企业还会不会存在，个人与组织的关系已然发生了深刻的变化。当企业的存在不再只为了股东的利益，商业和社会的发展要实现国民的共同富裕，未来还能够将个体组织起来的力量，可能不再是物理上的连接和制度上的约束，而是来自个体间内心的相互认同，来自组织内的哲学共有，来自实现组织目标的同时，也能够让每个人自由而充分地发展。

第三章

内外兼济的行政主体

Chapter 3

Administrative support

从过去两年的市场数据和产业动向看，刚性旅行需求的基本面还在，旅行服务业复苏向好的基本面也没有改变。经历了危机的洗礼，全行业共同经历了从恐慌、阵痛到审视、反思再到积极应对、重拾信心的过程，市场主体正在加强市场研究、产品创新、人才培养等工作，为全面恢复做好准备。面对需求侧由量向质的诉求提升和供给侧由粗到精的思想转化，旅行服务行业的行政管理也要同频回应。事实上，每一轮冲击和市场变化都不只是对旅行服务行业的单独考验，也是对政府宏观调控的价值定位、方式方法等的挑战。对行业整体实力的提升和培养是政府宏观引领的重要任务。不是唤醒那些“假装沉睡”的市场主体，而是催生、催化、培育与旅游市场基本面相适应、有商业活力和竞争力的市场主体。不只是让旅行服务企业存续下来，更要让旅行服务业“强起来”。在打通堵点、补上断点，全面落实各级各类纾困举措的同时，主管部门更应该关注行业内在的需求和痛点，深入到产业、行业、企业调研，促进整体行业结构的调整和优化提升。

一、授人以鱼

疫情发生以来，从国家到地方均对旅行社采取了暂退质保金、减免税收、贷款贴息、资金补助等纾困惠企政策，一定程度上缓解了企业的生存压力。2021 年国家各部委延续并进一步强化了相关政策，文化和旅游部出台《关于加强政策扶持进一步支持旅行社发展的通知》。全国各地加大对旅行社招徕游客的奖励力度并出台具体政策（见表 3-1），做好旅游业的“六稳”“六保”工作，千方百计保证旅游就业不下降，旅游市场主体特别是中小微型企业不出现大规模倒闭和系统性耗散。

表 3-1　全国旅行社扶持政策或活动汇总（部分）

发布单位	文件名称或活动主题	主要相关内容	发布时间
文化和旅游部	关于加强政策扶持进一步支持旅行社发展的通知	推进保证金改革；激发市场主体活力；加大金融支持；建立健全融资配套服务长效机制；支持各地文化金融服务中心发挥积极作用；指导用好普惠性纾困政策。 提出鼓励各级国家机关、企事业单位、社会团体进行的公务活动，委托旅行社代理安排交通、住宿、餐饮、会务等事项；为旅行社代理公务活动中的相关服务进一步提供了政策支持	2021-06

续表

发布单位	文件名称或活动主题	主要相关内容	发布时间
上海市文化和旅游局	2021 年上海市旅行社和 A 级旅游景区应对疫情冲击贷款贴息申报指南	符合 4 项条件：上海市注册的独立法人资格的旅行社；受疫情冲击较大、经济损失较重；防疫应对措施得当有力；已与承贷银行或经国家批准有承贷业务许可的机构签订了借款合同。 贴息标准是给予旅行社不超过人民银行最近一次公布的 1 年期贷款市场报价利率 50% 的贴息；旅行社每家支持额最高不超过 80 万元	2021–07
湖南省文化和旅游厅、省发展和改革委员会、省财政厅	湖南重奖旅行社“送客入村”	在 2021 湖南房车旅游与露营产业发展大会上，湖南省文化和旅游厅、省发展和改革委员会、省财政厅为符合 2020 年度“送客入村”奖励标准的旅行社代表颁奖。 根据《湖南省文化生态旅游融合发展精品线路旅行社送客入村奖励办法》，经旅行社填报、平台初审、现场取证、村委会佐证、抽查暗访等流程审核，有 219 家旅行社符合奖励标准，发放奖励资金 2200 万元	2021–09
湖北省文化和旅游厅	发放 4000 万元文旅消费优惠券	举办文化和旅游互联网平台品牌馆以及鄂旅投集团“一部手机游湖北”平台上线仪式。湖北省文化和旅游厅发放 3000 万元文旅消费优惠券，湖北省文化旅游投资集团（“鄂旅投集团”）发放 1000 万元文旅消费优惠券，总额达 4000 万元。 携程、同程、美团 3 家平台作为 2021 年湖北文旅消费优惠券指定发放电商平台，搭建湖北文化和旅游线上品牌馆（星球号）。品牌馆通过榜单推荐、产品挂货、形象推广、体验攻略、预订下单等形式，推介湖北省内旅行社线路产品、A 级景区门票和星级酒店住宿产品。以品牌馆为载体，重点在旅行社线路产品预订、景区门票预订、酒店预订等板块投放文旅消费优惠券	2021–09
苏州市文化广电和旅游局等十部门联合印发	关于进一步加强政策扶持支持旅行社高质量发展的若干措施	推进保证金改革。鼓励开发保证金履约保证保险产品，支持银行存款、直接取得银行担保、凭保险保单取得银行担保三种保证金交纳方式。 加大金融支持。鼓励银行机构创新金融产品，加强对小微旅行社企业的信贷支持，继续全面落实普惠小微贷款延期还本付息和信用贷款支持政策。 落实国家惠企政策。符合条件的增值税小规模纳税人、小型微利旅行社按规定享受优惠政策。延续实施阶段性降低失业保险、工伤保险费率政策至 2022 年 4 月 30 日。 设立旅行社高质量发展资金。加强旅行社服务质量评价，建立和完善促进旅行社高质量发展激励机制。 鼓励拓展消费客源市场。鼓励旅行社为相关单位党建主题研修等活动提供服务，为机关企事业单位工会春秋游等活动提供服务，鼓励相关单位委托旅行社代理安排交通、住宿、餐饮、会务等事项，鼓励将研学旅行纳入中小学教育教学计划。 支持开展旅游人才培训。指导符合条件的旅行社结合岗位	2021–09

续表

发布单位	文件名称或活动主题	主要相关内容	发布时间
		需求开展旅游行业职业技能培训并给予培训补贴。 优化营商服务环境，逐步实施综合监管、智慧监管和信用监管。 加强旅游推广营销，支持旅行社参与国内外旅游展会、开展线上线下营销推广，将特色旅游节庆活动纳入地接旅游产品	
厦门市文化和旅游局	加强导游执业能力提升应对后疫情时代	强化导游素质培训。推出“金牌导游线上公益课堂”，陆续举办新导游岗前培训、导游素质提升培训、涉外导游专题培训、骨干导游传统文化研修等系列培训。 拓宽导游就业渠道。积极引导导游适应当前行业发展新需求，组织首批 50 名导游参加网约车从业资格专场考试。增强导游职业竞争力，分批次举办“司兼导”专题培训，推动“导游＋网约车”专业服务人才储备。 完善导游执业保障。出台外语导游稳岗扶持政策，按照本市最低工资标准的 50% 给旅行社发放用工奖补，最长不超过 6 个月。减免市导游协会个人会员会费、单位会员会费 113 万元，为导游提供法律咨询服务 126 人次。持续推动实施导游综合保险统保项目	2021–10
文化和旅游部	关于用好旅游服务质量保证金政策，进一步支持旅行社恢复发展的通知	暂退 80% 保证金的旅行社，补足保证金期限延至 2022 年 12 月 31 日；开展保证金试点地区以保险交纳保证金的旅行社，投保的保证金保证保险额度应与全额交纳保证金的数额一致。 先后有海南、山东、山西、江西、河北、青海、浙江、上海、安徽等省市为试点地区	2021–10
厦门市文化和旅游局	厦门市文化和旅游局、厦门市财政局关于进一步促进旅游发展若干措施的通知	鼓励招徕游客，加大奖补力度，对厦门市旅行社组织国内游客游览收费 A 级景区并在限额以上宾馆饭店过夜的，按照住宿第 1、2、3 晚分别给予 30 元 / 间夜、40 元 / 间夜、50 元 / 间夜的补助，最多补 3 天。单个旅行社补助最高不超过 200 万元。 开展惠民促销。持续开展“厦门文化和旅游消费季”活动，依托线上平台发放 2000 万元文化和旅游消费优惠券。鼓励宾馆饭店、旅行社、景区景点等推出优惠产品。 免费宣传推介。举办“2021 冬日暖阳旅游嘉年华”大型推广活动等，免费为旅游企业开展旅游产品集中宣传推介。 强化队伍建设。进一步加强从业人员专业技能培训和继续教育，组织举办旅行社、宾馆饭店和景区景点开展专题线上线下培训。 加强政策协同。鼓励各区结合各自实际，出台更多涉旅企业扶持政策，市区协同共促企业发展	2021–10

续表

发布单位	文件名称或活动主题	主要相关内容	发布时间
青岛市文化和旅游局	关于进一步支持旅游企业纾困的通知	以六大举措积极回应旅游行业诉求，帮助旅游企业渡过难关，推动实现复苏振兴：落实国家各项惠企政策、进一步加大金融惠企力度、给予旅行社专项财政资金扶持、加强旅游宣传推广、优化为企服务营商环境、有序放开文化和旅游活动场所	2021–10
广东省人民政府办公厅	关于促进城市消费的若干政策措施	加强文旅平台建设。推进国家文化和旅游消费示范城市、区域文化和旅游消费中心城市建设，大力发展粤式夜间文化和旅游经济。 加大文旅消费促销。开展“广东人游广东”活动，举办广东文化和旅游消费季，鼓励酒店、民宿、旅行社、景区、文娱企业等开展各种促销活动。要促进商旅文体融合。鼓励旅行社将商圈、商业街纳入旅游线路规划，联合演艺票务与周边商场、酒店产品开展针对性推广营销，联手打造资源共享、更具影响力的“游购广东”主题线路、产品	2021–11
哈尔滨市人民政府	关于有效应对疫情影响助企纾困稳经济促增长若干政策措施	围绕百货（不含超市）、餐饮、娱乐、体育、旅游等受疫情影响较大行业，发放 4 亿元政府消费券。 对 A 级及以上旅游景区，门票售出价格不高于物价部门核定价格 50% 的，由市财政按照门票核定价格 30% 给予景区企业补贴，单户企业补贴金额最高不超过 100 万元。对旅行团在哈（哈尔滨）停留过夜的，按每名游客每天最高不超过 50 元标准给予旅行社奖励，单户企业奖励最高不超过 30 万元	2021–11
陕西省文化和旅游厅	关于对旅游相关企业进行纾困补贴的公示	对全省 2019 年度接待入境外国人旅游人数排名前 30 的旅行社企业、1123 名专职外语导游、39 个旅游演艺项目、26 家承接十四运会和残特奥会接待任务的四星级和五星级旅游饭店进行补贴，提振市场信心。 对陕西中国旅行社有限责任公司、西安天马国际旅行社等 30 家旅行社按照排名进行不同标准的补贴，共补贴 290 万元。对 1123 名专职外语导游每人发放岗位补贴 2000 元	2021–11

资料来源：通过政府官网及相关新闻报道汇总

与 2003 年“非典”时期相比，新冠肺炎疫情中的政策更加注重各级政府各部门的统一协调性。有纵向的逐级落实落细，也有部门间的协调沟通和区域性的政策创新。国家和部分省市还出台了针对旅行社行业的专项纾困扶持政策。2021 年 12 月 23 日，文化和旅游部发文对推进纾困政策落实与企业创新发展工作取得显著成效的内蒙古、吉林、上海、江苏、浙江、山东、河南、湖北、重庆、四川、陕西 11 个省（区、市）文化和旅游厅（局）进行了通报表扬。这些都显示了各级政府对旅游市场主体的高度重视，也说明了旅行社连接旅游供给和需求的重要纽带作用。

二、授人以渔

疫情仍将是新的一年里影响旅游经济发展的最大变数，广大旅行服务商还将面临更多更新的困难和挑战。未来发展中，我们不仅要“输血”更要“造血”。对旅行服务业的扶持，不仅要输入“硬通货”，更要帮助其提升“软实力”。各级政府应更加注重激活内生动力、内部活力，在旅行社行业需求引导、数字化转型、专业化指导、人才梯队建设和创新监管等方面持续探索创新。

（一）加强需求调研，动态发布旅游旅行市场新需求

需求是一切商业的起点。如同时尚领域的趋势发布、学术期刊的专刊（Special Issue），旅行服务行业也需要能够指明需求、回应需求、引领行业前行的风向标。从理论上讲，每个企业都可以根据实践与判断来捕捉市场。但现实中哪怕是做到行业领导地位的平台企业，也无法依据局部数据推断行业总体特征。广大中小旅行社尚未开始数据建设，面对自己的企业“小数据”更是缺少规划、无从下手。况且，即使拥有数据，也并不意味着拥有对行业的分析能力和对趋势的洞见，再加上疫情后旅游需求的新变化新常态，就更需要在宏观层面上保持对市场需求的持续关注。主管部门应通过长时间的数据监测、常态化的走访调研，依靠专业的行研分析和数据挖掘团队，动态发布消费新需求和市场新动向。不断强化省域、市域以及细分市场的中观微观旅游消费基本面数据分析，让数据沉淀、转化、释放，赋能广大旅行服务商。

（二）强化数字转型，促进旅行服务商数字化新基建

数字化转型是行业的方向性共识，也有普遍的行动性困惑。数字经济对旅行社的颠覆或升级是全方位的。面向需求的 C 端，游客需求与行为偏好被重塑，仅是从门店到线上再到直播间下单这个预订环节的变化，已让多数旅行社无所适从。面向资源的 B 端，如何连接、管理、协同为满足需求而接入的海量资源方和供给方，也是非常大的挑战。面向政府的 G 端，未来如何接入本地智慧旅游和智慧城市的公共管理系统，是多数旅行社还未曾考虑过的问题。对于内部管理，如何将原来适应规模化标准化服务的生产流程和管理模式调整为能够应对旅游新需求的现代企业治理模式，也是亟须突破的发展桎梏。走向现代旅行服务商的数字化转型道路上，千千万万中小微企业无法负担却又离不开的数字

化新基建，也在呼唤行政主体与市场主体协同创新的解决方案，这些都需要主管部门的明确指导与顶层设计。

近年来，各地旅游主管部门纷纷建设了旅游大数据实验室（如表 3-2），在旅游行业洞察、数据共享、智慧旅游解决方案等领域积累了一定经验。2021 年相继出台的新基建"十四五"规划中，多数省份将国家文化大数据体系纳入建设系统内。主管部门应从全域全局文旅角度参与到数字化新基建工作中，积极承担分（子）任务。

表 3-2　全国各省市旅游大数据实验室情况（部分）

省、市或相关机构	名称	建设（联合）单位	始建时间
杭州市	杭州市旅游经济实验室	杭州旅游委员会、中国旅游研究院	2016-12
中国旅游研究院	旅游大数据联合实验室	中国旅游研究院、携程旅行网	2017-01
中国旅游研究院	旅游大数据联合实验室	中国旅游研究院、中国电信集团公司	2017-08
中国旅游研究院	旅游消费大数据联合实验室	中国旅游研究院、银联商务股份有限公司	2017-08
中国旅游研究院	自由行大数据联合实验室	中国旅游研究院、马蜂窝旅行网	2017-12
山东省	山东省旅游产业大数据应用联合实验室	山东省旅游发展委员会、山东联通公司	2018-07
山西省	山西省旅游大数据联合实验室	山西省文化和旅游厅、山西大学	2019-01
中国旅游研究院	国际旅游数据联合实验室	中国旅游研究院、精彩旅图（北京）科技发展有限公司	2019-04
吉林省	吉林省旅游大数据联合实验室	吉林省文化和旅游厅、银联商务股份有限公司、中国联通（吉林）系统集成有限公司	2019-07
河北省	文旅 5G 大数据创新实验室	河北省文化和旅游厅、联通大数据有限公司、中国联通河北省分公司、北京第二外国语学院	2020-05

资料来源：通过政府官网及相关新闻报道汇总

（三）加强系统培训，激发集群创生力量

外部环境变化越快、不确定性越强，“人”的因素就越凸显。旅游人在面临“毕业即失业，就业也无业”现实困境的同时，也在积极寻求自我创新。行业的长远发展离不开从业人员数量的可持续供给和人员素质的持续性提升。未来企业间的竞争是员工素质、学习能力、创新能力、自驱力和激情的全方位竞争。面对边界不断消失、创新如同日常的产业实践，如何吸引年轻人进入这个行业、如何培养多元跨界型人才、如何让现有从业人员掌握应对未来需要的技能，都需要行政主管部门有统一而长远的考量。应适时制订行业人才培养计划，弥合学历教育与企业实践的距离与缺口，鼓励企业以训代工，激发员工的自身潜能。系统规划旅游行业产品创新、体验设计、活动策划、新媒体运营、短视频营销等方面的培训赋能。引导旅游新生力量适应新业态，实现从老旅游到Z世代的传承、接力，促进内功修炼、内生蝶变。

（四）加强专业指导，建设知识管理共享平台

传统旅行社向现代旅行服务商的转型是一项系统工程，需要将旅行服务的理念和以游客为中心的意识贯穿于企业战略、管理哲学、组织结构、产品研发、人力资源、市场营销、业务流程等方方面面。4万余家旅行社分散在全国各个区域，带着各自的问题，展开各自的尝试，单打独斗中往往“只见树木，不见森林”。不管是旅行服务领跑者、变革者还是创新者、赋能者，都有互相观摩学习、交流探讨的实际需求。政府主管部门应加强市场调查、案例研究和专业指导，形成一批可复制可推广的传统旅行社转型经验和创新模式，阶段性推出旅行社转型创新示范案例。要尝试搭建知识管理和经验共享平台，把那些在某方面做得突出、走在前列的企业推出来由交流中涌现出来、集聚起来。

（五）聚焦突出问题，建设现代旅行服务监管体系

改革开放后，我国旅游业从民间外交阶段、市场化发展阶段进入大众旅游阶段，旅行社行业从单一主体走向更加广泛而灵活的市场主体。近年来，对旅行社行业管理“宽进严管”的总体思路得到了深入实践和产业反馈。随着进入新时代旅行社企业的服务对象向“旅行者”的扩展、业务范围向异地化生活服务的延伸，行业治理创新成为旅行服务监管的内在要求。未来要强化旅行社作为企业的共性而不是旅游领域的个性，建设更具包容性和促进性的现代旅行服务监管体系。

1. 研究探索鼓励旅行社拓展经营范围法律法规

在《旅行社条例》修订过程中，释放鼓励旅行社拓展经营范围的信号。对旅行社行业的监管总是存在起跑线不公平的悖论：一方面是没有旅行社之名但行旅行社之实的市场主体遍地开花，对旅行社形成了实际意义上的竞争；另一方面由于其不具备旅行社资质，从法律意义来讲不在旅行社行业监管范围内，即使可以认定其是违规经营，执法成本极高。旅游业一直在跨界发展，此类无法界定的主体，无论是类型还是数量，在未来都只会更多，而不是更少。对此宜疏不宜堵，所谓“欲除杂草，必种庄稼”。相较于以高执法成本进行行业治理，莫不如鼓励旅行社走出“温室”，进入更广的旅行服务领域、零售领域，渗透到那些跨界来的主体的原有领域里去施展拳脚，彻底打开边界，以市场的方式建立新的市场秩序。对于那些有旅行社之实而无旅行社之名的机构，建议通过法律的修订让其具有旅行服务商的名义，进而实现有效监管。

2. 推进探索导游自由执业的新型服务供给模式

在自由执业普遍的新经济下，导游自由执业的探索可适时重启。一方面市场有呼声、业界有期待，一方面可以为旅行社解绑减压，还能激发个体的积极性，可谓一举多得。近 2 年业界在创新讲解、直播带货等方面也涌现了不少导游成功转型的案例。在转向自由执业的过程中，面对可能会出现的各类问题，应在事前进行充分研讨、试点推进和预案准备，也可提前谋划搭建全国性的导游基础信息、运营数据、考评体系等新的平台和机制，未雨绸缪。

要推进探索“导游 + 网约车”等新型供给模式，打通政策堵点，推进部门间的协同性政策创新。2021 年 6 月 10 日，文化和旅游部发布的《加强导游队伍建设和管理行动方案》中提出探索“导游 + 网约车”服务供给，催化了全国各地的积极探索。厦门市组织了首批 50 名导游参加网约车从业资格专场考试，分批次举办“司兼导”专题培训，推动“导游 + 网约车”专业服务人才储备。业界在为新政振奋的同时，也反馈了实际操作中的诸多问题。实际情况是多数网约车虽然有车辆营运资质，但并不具备旅游客运资质。如果由旅行社来开展这项业务，可能涉嫌使用不符合旅游资质车辆的违规问题；如果由导游自己来开展这项业务，就会碰到导游不能自由执业，涉嫌未经旅行社委托开展业务的违法问题。在鼓励旅行社探索新型供给模式的道路上，未来还需要打通更多的政策堵点，加强多部门的协同创新。

3. 创新解决承包挂靠加盟等问题的新途径新治理模式

《旅行社条例》中明确规定“不允许转让、出租、出借旅行社业务经营许可证……旅行社服务网点应当接受旅行社的统一管理，不得从事招徕、咨询以外的活动”。事实上，包部门、包专线甚至包桌都是旅行社行业常见的承包挂靠加盟方式，在具体业务开展中也是各行其是，缺乏统一管理。当出现纠纷时，各地可能会出现不同的判例。为规避法律规定，双方不会签订“出租、出借、转让许可证协议书”，而是以“经营目标责任书”“部门经济责任书”等形式出现，导致有的民事司法判决裁定旅行社“挂靠承包”只是“内部承包合同”或“达成目标责任制的承包协议”。但这种只享收益不担风险的协议显然属于承包挂靠的性质，也有地区会认为违反管理性强制性规定的法律后果并不会导致与旅行社签署加盟的协议书无效，相当于实际默许了加盟行为的合法性。在现实“违法”如此普遍的问题上，我们可能需要跳出非 A 即 B 的管理思维，需要会同政产学研各界共同商讨，帮助旅行社找到突破依靠收取加盟管理费也能做大做强的新路径，并找到适合于新业务形态下行业监管与治理的新模式。

2021 年，文化和旅游部先后发布《关于加强文化和旅游市场信用监管有关事项的通知》和《文化和旅游市场信用管理规定》，并启动了文化和旅游市场信用经济发展试点工作，确定辽宁省大连市等 14 个试点地区。这将进一步提高文化和旅游市场信用管理的法治化、规范化水平，为现代旅行服务监管体系建设奠定了基础。

从已发布的《“十四五”旅游业发展规划》中可以看到，各省市均围绕旅行社的产品研发、服务创新、精细管理等高质量发展核心命题做出了系统谋划和顶层设计。随着“十四五”规划的落地实施，我们有理由相信，我国政府和旅游业界应当，也一定可以为全球旅游市场复苏和世界旅行服务的高质量发展贡献中国智慧、中国方案。

责任编辑：张　旭
责任印制：冯冬青
封面设计：旅教文化

图书在版编目（CIP）数据

中国旅行服务业发展报告. 2021 ：向内而生 / 中国旅游研究院编著. -- 北京 ：中国旅游出版社，2022.3
ISBN 978-7-5032-6925-7

Ⅰ. ①中… Ⅱ. ①中… Ⅲ. ①旅游服务—产业发展—研究报告—中国—2021 Ⅳ. ①F592.6

中国版本图书馆CIP数据核字(2022)第041111号

书　　名：中国旅行服务业发展报告.2021：向内而生

作　　者：中国旅游研究院　编著
出版发行：中国旅游出版社
（北京静安东里6号　邮编：100028）
http://www.cttp.net.cn　E-mail:cttp@mct.gov.cn
营销中心电话：010-57377108，010-57377109
读者服务部电话：010-57377151
排　　版：北京旅教文化传播有限公司
经　　销：全国各地新华书店
印　　刷：北京盛华达印刷科技有限公司
版　　次：2022 年 3 月第 1 版　2022 年 3 月第 1 次印刷
开　　本：787 毫米 ×109　毫米　1/16
印　　张：4.25
字　　数：66 千
定　　价：66.00 元
I S B N　978-7-5032-6925-7